庄子成语

◎ 山东省东明县文化馆　编著

中国民族文化出版社

北　京

图书在版编目（ＣＩＰ）数据

庄子成语 / 山东省东明县文化馆编著 . -- 北京：
中国民族文化出版社有限公司 , 2023.8
ISBN 978-7-5122-1755-3

Ⅰ . ①庄… Ⅱ . ①山… Ⅲ . ①《庄子》– 通俗读物②
汉语 – 成语 – 通俗读物 Ⅳ . ① B223.5–49 ② H136.31–49

中国国家版本馆 CIP 数据核字 (2023) 第 160312 号

庄子成语
ZHUANG ZI CHENG YU

编　　著　山东省东明县文化馆
责任编辑　赵　天
责任校对　李文学
出 版 者　中国民族文化出版社　地址：北京市东城区和平里北街 14 号
　　　　　邮编：100013　联系电话：010-84250639　64211754（传真）
印　　装　四川科德彩色数码科技有限公司
开　　本　889mm×1194mm　16 开
印　　张　11.5
字　　数　173 千
版　　次　2023 年 8 月第 1 版第 1 次印刷
标准书号　ISBN 978-7-5122-1755-3
定　　价　86.00 元

《庄子成语》编委会

前　言

　　庄子（约公元前369－约公元前286），姓庄名周，是我国战国时期伟大的思想家、哲学家、文学家，是继老子之后，道家学派的代表人物，与道家始祖老子并称为"老庄"。庄子深邃的哲学思想，博奥的理论体系，追求自由和思想解放的执着精神，以及效法自然、平等和谐的政治主张，至今仍闪烁着灿烂的光辉，发挥着深远而巨大的影响。

　　东明县位于山东省西南部，该县历史悠久，文化底蕴深厚，庄子生前在东明这块古老的地方当过漆园吏，教过书，授过徒，过着极为贫困的生活，在这生儿育女，最后终老于南华山下。因此，东明又被称为庄子故里。2011年6月，由东明县申报的《庄子传说》被列入国家级非物质文化遗产项目名录。《庄子》一书，想象奇特丰富，文笔变化万千，能把一些微妙难言的哲理说得引人入胜，并采用寓言故事形式，语言幽默，文字犀利，具有浓厚的浪漫主义色彩，对后世文学艺术影响深远。庄子哲学，博大精深、充盈智慧，他对自然、社会和人生的深刻理解，远远超过中国同时代的任何一位思想家。鲁迅先生说："其文则汪洋辟阖，仪态万方，晚周诸子之作，莫能先也。"

《庄子》一书在两千多年的历史长河中，为我们留下了很多耳熟能详的精彩成语，若能将其收集整理，编撰成册，定能让更多的人认识庄子，了解庄子和喜爱庄子。

　　成语是古代汉语词汇中特有的一种长期相沿用的固定短语，大多来自于古代经典或著作、历史故事和人们的口头故事。本书收录成语327个，均来自于《庄子》一书，既有像庖丁解牛、东施效颦、呆若木鸡等大家常见的，也有一些比较生僻的。这些成语的背后有着一个个含义深远的故事，它们无不体现了庄子的思想主旨，蕴含着深刻的思想内涵，反映了庄子在哲学、艺术、美学与人生观、政治观等方面的聪明智慧，也是庄子文化的精华所在。

　　这些成语深刻隽永、言简意赅。通过阅读学习，能进一步了解庄子文化，增长知识、通达事理、积累优美的语言素材，能照亮心智，丰富涵养，也是本书的初衷所在。

　　本书所录成语按成语首字读音顺序排列，对成语的出处、典故、含义做了清晰明了的解释，故事或典故通俗易懂、内涵深刻、妙趣无穷。因时间仓促，水平所限，疏漏之处，请广大读者批评指正。

山东省东明县文化馆

2022 年 7 月

目 录

◆爱人利物

ài rén lì wù

成语解释：爱护人民，力求有利于人民。

成语出处：《庄子·天地》："爱人利物之谓仁。"

成语用法：联合式；作谓语、宾语。

成语示例：共产党人就是要时刻以人民为中心，爱人利物，带领大家共同致富。

◆安常处顺

ān cháng chǔ shùn

成语解释：安：习惯于；处：居住，居于；顺：适合，如意。指过惯了安逸的生活，处于顺利的境遇中。也作"安时处顺"。

成语出处：《庄子·养生主》："适来，夫子时也；适去，夫子顺也。安时而处顺，哀乐不能入也。"

成语用法：联合式；作谓语、定语。

成语示例：他踏入社会后，事事如意，安常处顺，所以经不起这样的挫折。

◆安室利处

ān shì lì chù

成语解释：处：居所。指安全便利的处所。

成语出处：《庄子·徐无鬼》："奎蹄曲隈，乳间股脚，自以为安室利处，不知屠者之一旦鼓臂布草，操烟火，而已与豕俱焦也。"

成语用法：联合式；作宾语。

成语示例：他很想安室利处以栖身。

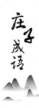

◆ 安危相易

ān wēi xiāng yì

成语解释：易：变易，转变。平安与危难互为因果，相互转换。

成语出处：《庄子·则阳》："安危相易，祸福相生，缓急相摩，聚散以成。"

成语用法：主谓式；作宾语、定语。

成语示例：安危相易，祸福相生是自然界和历史发展的辩证规律，无数事实证明，任何思想上的麻痹松懈都是导致安全危机的直接原因。

◆ 安之若命

ān zhī ruò mìng

成语解释：指把遭受的不幸看作命中注定，因而甘心承受。有宿命观。

成语出处：《庄子·人间世》："知其不可奈何而安之若命，德之至也。"

成语用法：紧缩式；作谓语、定语。

成语示例：他半生操劳，与世无争，逆来顺受，一切事情都安之若命。

◆ 白驹过隙

bái jū guò xì

成语解释：白驹：白色的少壮马，喻指太阳；过隙：经过缝隙。白色的骏马飞快地驰过缝隙。现指日影在缝隙前一扫而过，比喻时间过得很快，光阴易逝，也作"骐骥过隙""过隙白驹"。

成语出处：《庄子·知北游》："人生天地之间，若白驹之过隙，忽然而已。"

成语用法：主谓式；作宾语。

成语示例：人的一生十分短暂，犹如白驹过隙，需珍惜宝贵的时间。

　　孔子一次专程去向老子请教什么是"道"，老子要孔子斋戒沐浴，说道："人的寿命是极为短暂的，好像白马驰过狭窄的空隙，一闪即逝。自然而然地全都蓬勃而生，自然而然地全都顺应变化而死。业已变化而生长于世间，又会变化而死离人世，活着的东西为之哀叹，人们为之悲悯。可是人的死亡，也只是解脱了自然的捆束，毁坏了自然的拘括，纷纷扰扰地，魂魄必将消逝，于是身形也将随之而去，这就是最终归向宗本啊！"

◆百川灌河

bǎi chuān guàn hé

　　成语解释：河：黄河。所有的河流都流向黄河。比喻人心所向，大势所趋。

　　成语出处：《庄子·秋水》："秋水时至，百川灌河。"

　　成语用法：主谓式；作宾语、定语。

　　成语示例：世界大势浩浩荡荡，如百川灌河势不可当。

◆抱瓮出灌

bào wèng chū guàn

　　成语解释：抱着水瓮去灌溉。比喻费力多而收效少。

　　成语出处：《庄子·天地》："凿隧而入井，抱瓮而出灌。"

　　成语用法：联合式；作谓语、定语。

　　成语示例：他这个人做事不用脑筋，经常做一些抱瓮出灌的事情。

◆抱瓮灌园

bào wèng guàn yuán

成语解释：比喻安于拙陋的淳朴生活。

成语出处：《庄子·天地》："凿隧而入井，抱瓮而出灌。"

成语用法：联动式；作谓语。

成语示例：自从那件事以后，老张整天抱瓮灌园，与世无争。

成语故事

子贡是孔子的学生，他学成后，便广招弟子传授学问。有一次，子贡率领弟子们去楚国游历，返回行至晋国时，途中经过汉水南岸，看见一个老头正在田间干活儿。只见这老头从田头挖一条通道下到井里，然后抱着一只大瓦罐到井中取水，用来浇灌菜园。老头吭哧吭哧地费了很大劲，但取上来的水却很少。子贡见了很奇怪，便上前对老头儿说："您这种方法太劳累了。我懂得一种机械，用它来取水灌田一天可浇一百畦地。用力少而功效大，老人家您不想用它吗？"

老头儿仰着头看看子贡，问道："你说的是什么样的机械？"子贡说："用木料在中间凿一个机关，后头重，前头轻，把瓦罐挂在前头，用它提水非常省力，可好用了，这种机械就叫桔槔。"

老头儿一听，顿时面有怒色，但还是笑着说："我听我的老师说过，有机械的人一定精于投机取巧，投机取巧的人一定有巧诈的心计。有了诈伪之心，人的本性就受到破坏，就不会有纯洁美好的心灵。心灵不纯洁，精神就不能安定；精神不能安定，就不能载道。你说的这种机械我不是不知道，而是觉得使用这种机械是很耻辱的。"

子贡听了老人的话，站在那里什么也没说。

◆抱柱之信

bào zhù zhī xìn

成语解释：原指重视名节轻生赴死，不顾念身体和寿命的人。后用以表示坚守信约。

成语出处：《庄子·盗跖》："尾生与女子期于梁下，女子不来，水至不去，抱梁柱而死。"

成语用法：偏正式；作宾语。

成语示例：我们无论做什么事，都要有抱柱之信，不能失信于人。

> **成语故事**

古时候，有一个叫尾生的人，他跟一女子在桥下约会，女子没有如期赴约，河水涌来尾生却不离去，竟抱着桥柱子而被淹死。

◆奔逸绝尘

bēn yì jué chén

成语解释：奔逸：疾驰；绝尘：脚不沾尘土。形容走得极快。也形容人才十分出众，无人企及。

成语出处：《庄子·田子方》："颜渊问于仲尼曰：'夫子步亦步，夫子趋亦趋，夫子驰亦驰；夫子奔逸绝尘，而回瞠若乎后矣。'"

成语用法：补充式；作谓语、定语。

成语示例：通讯员小张素有"神腿"称号，一接到命令，便奔逸绝尘而去。

◆碧血丹心

bì xuè dān xīn

成语解释：碧血：血化为碧玉；后指为正义事业而流的血；丹心：忠心。形容满腔热血；无限忠诚之心。也作"丹心碧血"。常用以称颂为正义事业牺牲的精神。意近"赤胆忠心"。

成语出处：《庄子·外物》："苌弘死于蜀，藏其血，三年化而为碧。"

成语用法：联合式；作谓语、宾语。

成语示例：每个有志青年，都应怀有报效祖国的碧血丹心。

成语故事

周朝时期，苌弘一生刚正不阿，尽心竭力地辅佐周王朝。在周景王时期受到提拔和重用。他经常和景王谈论诸侯封地不利之处，并在言语间谈及诸侯王想要自立为王的阴谋，遭到了众诸侯的仇恨。周敬王登基之后，听信诸侯的谗言，猜忌苌弘，并有意致苌弘于死地，后苌弘幸得朝臣求情才免于一死，被流放蜀地。苌弘到蜀地后，郁郁寡欢，不久便自杀了。

苌弘的冤死，让当地的吏民深深为之叹息，于是他们用匣子将他的血收藏后，埋入山洞之中。三年之后，人们将匣子从山洞中挖出来迁葬时，发现苌弘的血已经变成了一块晶莹剔透的碧玉。于是，后人便将那些刚正不阿、蒙冤抱恨的人形容为苌弘化碧。

◆变化无常

biàn huà wú cháng

成语解释：常：常规，准则。形容事物任意变化，没有一定的规则。

成语出处：《庄子·天下》："芴漠无形，变化无常。"

成语用法：主谓式；作谓语、定语；用于各种事物或人的情绪、表情等。

成语辨析：变化无常和变化多端都表示变化很多，不可捉摸。但变化多端形容善变,变化方式多; 多用于手段、方法等; 变化无常偏重于变化没有规律,多用于天气、性情等。

成语示例: 近来天气变化无常, 一会儿晴空万里, 一会儿又大雨倾盆。

◆播糠眯目

bō kāng mí mù

成语解释: 撒播糠秕眯住别人的眼睛。比喻外物虽小, 但造成的危害却很大。常用于形容蒙蔽别人。

成语出处:《庄子·天运》: "夫播糠眯目, 则天地四方易位矣。"

成语用法: 联动式; 作谓语。

成语示例: 我们要认准方向, 坚定信心, 谨防播糠眯目, 对我们的事业造成危害。

成语故事

有一次, 孔子拜见老子讨论仁义。老子说: "播扬的糠屑飞进眼里, 就感到天地四方变了位置。蚊虻叮咬了皮肤, 就会整夜睡不好觉。仁义是有毒害的, 使我们的内心烦扰不安, 祸乱没有比它更大的了。我认为您应该使天下不失去其淳朴本质, 自己依随无为的趋势自然行动, 完全按照自然的本性而立身。何必竭力标举仁义, 像打着大鼓去寻捕逃亡的人那样呢? 难道你不晓得天鹅不用天天洗浴, 仍然洁白, 乌鸦不用天天染黑, 仍然乌黑吗? 黑白的本色, 不须再加辩说, 名誉的本相, 不须再加扩大。泉水干涸了, 鱼儿困处在陆地上, 便用湿气互相吹气, 用口沫互相沾湿, 以求生存。这种情况, 倒不如在江湖中彼此相忘为好。"

孔子见过老子回来以后, 三天没有讲话。弟子们问道: "先生见了老子, 对他做了什么规劝吧? "

孔子说: "我在那里见到了龙。龙, 合起来成为形体, 散开来又变成绚

丽的花纹，驾着云气，优游于阴阳二气之中。见这种景象，我的嘴张开不能合拢，又怎能规劝老子呢？"

◆勃然作色

bó rán zuò sè

成语解释： 勃然：突然；作色：变脸色。因恼怒或惊怕而变脸色。

成语出处：《庄子·天地》："谓己道人，则勃然作色。"

成语用法： 偏正式；作谓语；指突然变脸。

成语示例： 听着贼眉鼠眼的家伙把话说完，马上的中年人顿时勃然作色，眼神里充满了愤怒。

◆不及之法

bù jí zhī fǎ

成语解释： 指不适用的法规。

成语出处：《庄子·骈拇》："使天下簧鼓，以奉不及之法，非乎？"

成语用法： 偏正式；作宾语。

成语示例： 某些不合理的特殊待遇，是应当取消的不及之法。

◆不近人情

bù jìn rén qíng

成语解释： 近：接近。不合乎人的常情。后指性情或言行怪僻，不合情理。也作"不近情理"。

成语出处：《庄子·逍遥游》："大有径庭，不近人情焉。"

成语用法：动宾式；作谓语、宾语、定语。

成语示例：严酷的训练，似乎不近人情，但只要能为国争光，我认为再苦再累也值得。

春秋时期，楚国狂士接舆对肩吾说："北海有一座姑射仙山，山上的神仙可以让世界五谷丰登。"肩吾认为接舆的话大而无当、不近人情，就对连叔说接舆在吹牛。连叔沉思了一会儿，对肩吾说："接舆的话不一定是没有道理的。"

◆不上不下

bù shàng bù xià

成语解释：上不去，下不来。形容进退两难。

成语出处：《庄子·达生》："上而不下，则使人善怒；下而不上，则使善忘；不上不下，中身当心，则为病。"

成语用法：联合式；作谓语、定语、补语；形容不好不坏。

成语示例：我现在的处境可以说是不上不下，进退维谷。

齐桓公在草泽中打猎，管仲替他驾车，突然桓公见到了鬼。桓公拉住管仲的手说："仲父，你见到了什么？"管仲回答："我没有见到什么。"桓公打猎回来，疲惫困怠而生了病，好几天不出门。齐国有个士人叫皇子告教的对齐桓公说："你是自己伤害了自己，鬼怎么能伤害你呢？身体内部郁结着气，精魂就会离散而不返归于身，对于来自外界的骚扰也就缺乏足够的精神力量。郁结着的气上通而不能下达，就会使人易怒；下达而不能上通，就会使人健忘；不上通又不下达，郁结内心而不离散，那就会生病。"

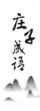

◆不死不生

bù sǐ bù shēng

成语解释：指超脱生死的界限。

成语出处：《庄子·大宗师》："无古今，而后能入于不死不生。"

成语用法：联合式；作谓语、定语、状语；指半死不活。

成语示例：不破不立，不死不生。

◆不徐不疾

bù xú bù jí

成语解释：徐：慢。疾：快。不快不慢，从容自然。指处事掌握适度。

成语出处：《庄子·天道》："不徐不疾，得之于手，而应于心。"

成语用法：联合式；作谓语、定语、状语。

成语示例：很多时候，人类一不小心误会了自己，把自己想象得太过聪明，或者不够聪明，而时间总是不徐不疾地将误会澄清。

◆不言而信

bù yán ér xìn

成语解释：旧指君子不用说什么就能得到别人的信任。形容有崇高的威望。

成语出处：《庄子·田子方》："夫子不言而信，不比而周。"

成语用法：联合式；作谓语；指人的威望等。

成语示例：不言而信，所以圣人之道率大明于天下。

◆不知春秋

bù zhī chūn qiū

成语解释： 不知道当前是什么季节或局面。

成语出处：《庄子·逍遥游》："朝菌不知晦朔，蟪蛄不知春秋，此小年也。"

成语用法： 动宾式；作谓语、定语、宾语；用于为人。

成语示例： 这日子过得真是浑浑噩噩不知春秋呀！

◆不知端倪

bù zhī duān ní

成语解释： 端倪：头绪，迹象。指不知头绪。

成语出处：《庄子·大宗师》："反复终始，不知端倪。"

成语用法： 动宾式；作定语、宾语。

成语示例： 当所有的线索联系在一起时，她立刻会意到一个巨大的阴谋，但那阴谋具体是什么，她也毫不知端倪，她眼下只知道，一定要将面前这个小孩带离这里。

◆不知利害

bù zhī lì hài

成语解释： 不知什么为利，什么为害，形容鲁莽从事。

成语出处：《庄子·齐物论》："子不知利害，则至人固不知利害乎？"

成语用法： 动宾式；作谓语。

成语示例： 一个人妨碍别人，不一定是因为本性坏，往往是因为头脑不清，不知利害。所以你在这些方面没有认清一个人的时候，切忌随口吐露心声。

◆不主故常

bù zhǔ gù cháng

成语解释：故常：旧的常规、习惯。不拘于老的一套，形容不墨守成规。

成语出处：《庄子·天运》："其声能短能长，能柔能刚，变化齐一，不主故常。"

成语用法：动宾式；作谓语。

成语示例：这次劳模与领导合影过程中，市"四大家"领导不主故常，礼让前排座位，的确令人耳目一新，同时也留给了人们较多的思考。

◆材大难用

cái dà nán yòng

成语解释：原意是能力强，难用于小事。后形容怀才不遇。

成语出处：《庄子·逍遥游》："吾有大树，人谓之樗。其大本拥肿而不中绳墨，其小枝卷曲而不中规矩，立之涂，匠者不顾。今子之言，大而无用，众所同去也。"

成语用法：联合式；作谓语、定语。

成语示例：他一生坎坷，命运多舛，虽才华卓越，却材大难用，终生不得其志。

◆餐腥啄腐

cān xīng zhuó fǔ

成语解释：比喻追求功名利禄。

成语出处：《庄子·秋水》："夫鹓雏，发于南海而飞于北海，非梧桐不止，非练实不食，非醴泉不饮。于是鸱得腐鼠，鹓雏过之，仰而视之曰：'吓！'今子欲以子之梁国而吓我邪？"

成语用法：联合式；作谓语。

成语示例：世上多有攀龙附凤、餐腥啄腐之辈，他们不择手段，毫无廉耻之心，虽能盛于一时，最终却绝没有好下场。

◆苌弘碧血

cháng hóng bì xuě

成语解释：苌弘：春秋时周大夫，又称苌叔。碧：青绿色的玉石。形容为正义事业而流的血。

成语出处：《庄子·外物》："苌弘死于蜀，藏其血，三年而化为碧。"

成语用法：偏正式；作宾语、定语。

成语示例：当病毒在武汉暴发之际，山东人民又像当年戮力支前那样苌弘碧血、不惧艰险、无私匡助。

◆超轶绝尘

chāo yì jué chén

成语解释：轶：车辙；超轶：指后车超过前车；绝尘：脚不沾尘土。形容奔跑得极快，比喻才力非凡，无法企及。

成语出处：《庄子·徐无鬼》："天下马有成材，若恤若失，若丧其一，若是者，超轶绝尘，不知其所。"

成语用法：联合式；作谓语、定语；含褒义。

成语示例：徐悲鸿的奔马具有一种超轶绝尘的神韵，一般画家难以望其项背。

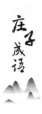

◆巢林一枝

cháo lín yī zhī

成语解释: 指鹪鹩筑巢,只不过占用一根树枝。后以之比喻安本分,不贪多。用于劝说人。

成语出处:《庄子·逍遥游》:"鹪鹩巢于深林,不过一枝。"

成语用法: 补充式;作宾语、定语。

成语示例: 老张退休以后,巢林一枝,安逸自得,从不与他人评短论长。

成语故事

尧想把天下让给许由,便对许由说:"日月出来了,然而仍然不熄灭小火把,它和日月比起来,这不也是没有意义了吗?及时雨降了,然而仍然灌溉,这对于润泽不也是徒劳吗?先生存在,天下被治理,然而我仍然掌控它,我认为我不足,请允许我让出天下。"

许由说:"您治理天下,天下已经很好了。然而我如果代替你,难道为了名声吗?名声,是'已经治理天下'这个事实的附属品,我带领天下是为了附属品吗?鹪鹩在森林筑巢,不过占一棵树枝;鼹鼠喝黄河里的水,不过喝饱自己的肚皮。天下对我有什么用呢?你回去吧,算了吧,给我天下没有有用的地方啊!厨师即使不做祭祀用的饭菜,管祭祀的人也不能越位来代替他下厨房做菜。"

◆尘垢粃糠

chén gòu bǐ kāng

成语解释: 尘:尘土;垢:污垢;粃:粃谷;糠:米皮。比喻琐碎而没有用的东西。亦作"尘垢粃糠"。指卑微无用的东西。

成语出处:《庄子·逍遥游》:"是其尘垢粃糠,将犹陶铸尧舜者也。"

成语用法: 联合式;作宾语。

成语示例：他与鸡毛蒜皮的琐细之事绝缘，更不屑于同尘垢秕糠打交道，因而经常遭到那些浅薄浮华子弟的白眼和耻笑。

◆沉鱼落雁

chén yú luò yàn

成语解释：沉：使下沉；落：使落下。原指女子貌美；使游鱼下沉；使飞雁降落；不敢与之比美。后来形容女子容貌美丽动人。

成语出处：《庄子·齐物论》："毛嫱、丽姬，人之所美也。鱼见之深入，鸟见之高飞。"

成语用法：联合式；作谓语、宾语、定语。

成语示例：高家两个女儿，如今一个出落得有沉鱼落雁之容，一个长得是闭月羞花之貌。

成语故事

春秋的时候，有一个叫作西施的美女，她每天都会到溪边去浣纱，溪中的鱼看到西施，觉得自己长得比西施丑，都羞愧得不敢浮上水面，全沉到水底去。

汉朝的时候，也有一个美女叫王昭君，她要出塞去嫁给匈奴单于的时候，天空飞过的雁，看到王昭君长得那么漂亮，都惊讶得忘记该怎么飞了，全坠落到树林里面。

后来，大家在称赞一个女人长得很漂亮，就说她有"沉鱼落雁"的容貌！

◆瞠呼其后

chēng hū qí hòu

成语解释：在别人后面干瞪眼赶不上，形容远远落在后面。

成语出处：《庄子·田子方》："夫子奔逸绝尘，而回瞠若乎后矣。"

成语用法：偏正式；作谓语；用于书面语。

成语示例：乾隆朝的"十全武功"固然瞠呼其后，就是康熙朝的平三藩之乱，论规模、论艰难，也都不如。

◆成风尽垩

chéng fēng jìn è

成语解释：形容技艺高超。同"鼻垩挥斥"，指人的技艺等。

成语出处：《庄子·徐无鬼》："郢人垩漫其鼻端，若蝇翼，使匠石斫之，匠石运斤成风，听而斫之，尽垩而鼻不伤，郢人立不失容。"

成语用法：紧缩式；作宾语、定语。

成语示例：若行文自另是一事，譬如大匠操斤，无土木材料，纵有成风尽垩手段，何处设施？

> ┌─ **成语故事** ─┐

战国时期，楚国有一个人鼻尖上沾上了一点白粉，像苍蝇翅膀那样薄。他请一个石匠用斧头把白粉砍去，只见石匠抡起斧子，像刮风一样，斧子过去，楚人鼻尖上的白粉尽被削去，而鼻子一点也没受伤。他十分惊叹匠人的手艺精湛。

◆从容不迫

cóng róng bù pò

成语解释： 从容：不慌不忙，镇静；不迫：不急促。指镇定沉着，形容遇事镇定自若，不慌不忙。

成语出处：《庄子·秋水》："儵鱼出游从容，是鱼之乐也。"

成语用法： 联合式；作谓语、定语、状语。

成语示例： 遇到困难我们一定要有心平气和的心态，一定要从容不迫地去面对。

◆鸱鸦嗜鼠

chī yā shì shǔ

成语解释： 比喻嗜好各不相同。

成语出处：《庄子·齐物论》："民食刍豢，麋鹿食荐，且甘带，鸱鸦嗜鼠，四者孰知正味。"

成语用法： 主谓式；作宾语、定语。

成语示例： 世上万事万物各有其生存的道理，人类喜欢吃肉，麋鹿喜欢吃草，蜈蚣喜欢吃小蛇，鸱鸦嗜鼠，究竟哪种食物是标准的美味，也是不能一概而论的。

◆踌躇满志

chóu chú mǎn zhì

成语解释： 踌躇：从容自得的样子；满：满足；志：心意。形容心满意足或十分得意的样子。多指对自己所取得的成就十分得意。

成语出处：《庄子·养生主》："提刀而立，为之四顾，为之踌躇满志。"

成语用法： 偏正式；作谓语、定语、状语；形容谋事成功得意的样子。

成语辨析：踌躇满志和趾高气扬都可形容"因得意而有点忘形"的样子。但踌躇满志表示"心满意足"，是中性成语；趾高气扬表示骄傲自大，是贬义成语。

成语示例：小兰学习成绩一直名列前茅，常常露出踌躇满志的笑容。

◆樗栎庸材

chū lì yōng cái

成语解释：樗栎：不成材的树木，指无用之材。比喻平庸无用的人。常用作谦词。

成语出处：《庄子·逍遥游》："吾有大树，人谓之樗，其大本拥肿而不中绳墨，其小枝卷曲而不中规矩。立之涂，匠者不顾。"

成语用法：联合式；作宾语。

成语示例：我只是樗栎庸材，不敢当此重任。

◆初生之犊

chū shēng zhī dú

成语解释：刚出生的小牛，比喻单纯或勇猛的青年人，指人勇猛。

成语出处：《庄子·知北游》："德将为汝美，道将为汝居，汝瞳焉如新生之犊，而无求其故！"

成语用法：偏正式，作宾语。

成语示例：凭着一股初生之犊的精神，她特别在中文上下功夫，还找了书法老师学习书法，全方位拥抱中华文化。

> **成语故事**

啮缺向被衣请教道，被衣说："你得端正你的形体，集中你的视力，自然的和气便会到来；收敛你的心智，集中你的思忖，精神就会来你这里停留。玄德将为你而显得美好，大道将居处于你的心中，你那瞪着圆眼稚气无邪的样子就像初生的小牛犊而不会去探求外在的事物！"被衣话还没说完，啮缺便已睡着。被衣见了十分高兴，唱着歌儿离去了。

◆绰约多姿

chuò yuē duō zī

成语解释：绰约：姿态优美的样子。形容女子体态的美。

成语出处：《庄子·逍遥游》："肌肤若冰雪，绰约若处子。"

成语用法：联合式；作谓语、补语。

成语示例：才几年没见，这孩子就长得绰约多姿了，真是女大十八变，越变越好看。

◆存而不论

cún ér bù lùn

成语解释：存：保留；论：讨论。把问题保留起来；暂不加论述或讨论。

成语出处：《庄子·齐物论》："六合之外，圣人存而不论；六合之内，圣人论而不议。"

成语用法：联合式；作谓语、宾语。

成语示例：这件事情他们也不大清楚，只好存而不论了。

◆椿萱并茂

chūn xuān bìng mào

成语解释：椿：一种乔木，传说长寿，喻父亲；萱：萱草，传说能使人忘忧，喻母亲。大椿和萱草都很茂盛，指双亲健在。多与"兰桂齐芳"连用。

成语出处：《庄子·逍遥游》："上古有大椿者，以八千岁为春，八千岁为秋。"

成语用法：主谓式；作宾语；含褒义；。

成语示例：他的家椿萱并茂，兰桂齐芳，家庭和睦，令人羡慕。

◆唇竭齿寒

chún jié chǐ hán

成语解释：嘴唇没有了，牙齿就会感到寒冷，比喻利害密要相关。常作"唇亡齿寒"。用于国家、人际之间的关系。

成语出处：《庄子·胠箧》："故曰，唇竭齿寒，鲁酒薄而邯郸围，圣人生而大盗起。"

成语用法：联合式；作谓语、定语。

成语示例：朝鲜是我国的邻邦，两国唇竭齿寒，因此我们要全民动员，抗美援朝，保家卫国。

> **成语故事**

春秋时候，晋献公想消灭虢国。可是在晋国和虢国之间隔着一个虞国，讨伐虢国必须经过虞国。大夫荀息建议，把献公的美玉和宝马送给虞国国君，请求借道。晋献公接受了。

虞君见礼物，很高兴，答应借道。大夫宫之奇阻止说："不行啊！虞国和虢国就象牙齿和嘴唇的关系，没有了嘴唇，牙齿就会感到寒冷。我们两个小国相互依存，有事可以彼此帮助，万一虢国被消灭了，我们虞国也就难保了。

借道给晋国万万使不得。"虞君不听。

果然，晋国军队借道虞国，消灭了虢国，回来时顺便又消灭了虞国。

◆大本大宗

dà běn dà zōng

成语解释：本：根本；宗：本，主旨。最根本，最重要的东西。

成语出处：《庄子·天道》："夫明白于天地之德者，此之谓大本大宗，与天和者也。"

成语用法：联合式；作宾语、定语。

成语示例：对中国古诗词、书法、篆刻等各类艺术的广泛研究，使他得以更为深刻而系统地理解中华民族优秀文化的精髓与中国艺术的大本大宗。

◆大辩不言

dà biàn bù yán

成语解释：大辩：善于辩论。有口才、善于辩论的人，并不多说话以显示自己沉稳。

成语出处：《庄子·齐物论》："大辩不言，大仁不仁。"

成语用法：紧缩式；作宾语、定语。

成语示例：他遇事沉稳，显示出大辩不言的个性。

◆大盗窃国

dà dào qiè guó

成语解释：窃：盗取。形容坏人窃取国家政权，用于政事。

成语出处：《庄子·胠箧》："彼窃钩者诛，窃国者为诸侯；诸侯之门，而仁义存焉。"

成语用法：主谓式；作宾语、定语。

成语示例：小盗小摸，大盗窃国，不可不防微杜渐啊！

◆大而无当

dà ér wú dàng

成语解释：当：底、边际。原指说话夸大没有边际。后用来表示虽然大，但不适用。

成语出处：《庄子·逍遥游》："肩吾问于连叔曰：'吾闻言于接舆，大而无当，往而不返，吾惊怖其言，犹河汉而无极也。'"

成语用法：偏正式；作谓语、定语；含贬义。

成语示例：订计划要切合实际，不要大而无当。

成语故事

古时候，有两个修道的人，一个叫肩吾，一个叫连叔，他们经常在一起交流道术。

一天，肩吾问连叔道："我听了接舆的言论，觉得他只知说大话，毫不切合实际，就似野马无归。我对于他的话，不免惶恐惊怖，犹如天汉银河令人难以穷极。他的话真是离常识太远，可谓不近人情！"

连叔问："他究竟说了些什么呢？"肩吾道："他说很远的姑射山中，有一位神人。那神人的肌肤，像冰雪一般洁白。绰约的姿态，更是柔好如同处女。不食人间的五谷，只是吸风饮露。他行动时，驾着祥云，御着飞龙，而游于四海之外。他静处时，其神凝聚，能使品物亨通，年谷丰登。接舆竟自说出这样荒杳无稽的事，所以我认为他是说诳，不能相信他。"

连叔听了慨然道："是呀！无怪你信不过呢！你知道文彩的美观，是与瞎子无份的；钟鼓的声音，是与聋子无份的。岂但人的形骸有聋盲，在心智上也有聋盲啊！就你的话看，你依然是旧日的你，并无进步，也是难免于心智上的聋盲了！我今天告诉你，那位神呀，他的功德是将要广被万物，治平整个宇宙，他哪肯劳苦经营以天下为事呢？再说那位神人呀，正是所谓体纯抱素、专气守柔，绝世味，纳元精，凌太虚，秉阳德，以游乎无穷的。其养神的极致，至于守静处虚，寂照常通，宜乎能使天地位而万物育了。这不是大道的体象是什么？"

连叔说："这个神人如同一尊永不毁坏的金刚，没有什么东西能伤害他。比如大涝的时候，就是洪水滔天，他也不为所溺；大旱的时候，就是金石熔化了，土山枯焦了，他也不觉其热。不要说他的精华真光，就是他尘垢秕糠一样的粗迹，还能陶冶尧舜使其弃末返本，由有为而至于无为之域哩！这样的人，正如老子所说的事无事，他哪肯以物为事呢！"

肩吾恍然而悟："对，正像我的先生说的'神人与道不二，神人无功啊'。"

◆大方之家

dà fāng zhī jiā

成语解释：大方：原指深通道的人。后泛指见识广博，懂得大道理，学问深厚或专精于某种技艺的人。

成语出处：《庄子·秋水》："今我睹子之难穷也，吾非至于子之门则殆矣，吾长见笑于大方之家。"

成语用法：偏正式；作宾语。

成语示例：他小有成就便显得不可一世，难免贻笑于大方之家。

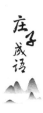

◆大惑不解

dà huò bù jiě

成语解释：惑：疑惑迷乱；解：理解。原指最糊涂的人迷惑一辈子。后指对某事或情况怀疑，想不通，不可理解。

成语出处：《庄子·天地》："大惑者，终身不解；大愚者，终身不灵。"

成语用法：联合式；作谓语、宾语、定语；用于质问的场合。

成语辨析：大惑不解和百思不解都表示对某事有疑惑；反复思考也不能理解。但百思不解偏重指从各个方面和不同角度进行思索仍然不理解；大惑不解偏重指十分疑惑而不理解，而且常含有不满或质问的意思。

成语示例：他本来是个很冷静的人，今天却如此冲动，令人大惑不解。

◆大匠运斤

dà jiàng yùn jīn

成语解释：比喻人的技艺精湛或文笔娴熟高超。

成语出处：《庄子·徐无鬼》："郢人垩漫其鼻端，若蝇翼，使匠石斫之，匠石运斤成风，听而斫之，尽垩而鼻不伤，郢人立不失容。"

成语用法：主谓式；作宾语、定语。

成语示例：战场上的奇谋妙策如大匠运斤的锦绣文章，曲径通幽，柳暗花明，一波三折，使人玩味无穷。

◆大梦初醒

dà mèng chū xǐng

成语解释：像做了一场大梦才醒。比喻被错误的东西蒙蔽了许久，开始醒悟过来。

成语出处：《庄子·齐物论》："且有大觉，而后知此其大梦也。"

成语用法：主谓式；作谓语、定语；指突然觉醒。

成语示例：一席话使楚王如大梦初醒，连连点头称是，并放弃了进攻越国的计划。

◆大难临头

dà nàn lín tóu

成语解释：难：灾祸；临：到来。大灾大祸降临头上。

成语出处：《庄子·秋水》："临大难而不惧者，圣人之勇也。"

成语用法：主谓式；作谓语、定语；含贬义。

成语示例：在大难临头时，才能显示出一个人的性格是否坚强。

◆大同小异

dà tóng xiǎo yì

成语解释：异：差异。大体相同，稍有差异。

成语出处：《庄子·天下》："大同而与小同异，此之谓小同异；万物毕同毕异，此之谓大同异。"

成语用法：联合式；作谓语；用于比较。

成语辨析：大同小异与同中有异的区别：大同小异通常意在强调"同"的一面；同中有异强调"异"的一面。

成语示例：现在许多武打影片，其内容都是大同小异。

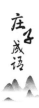

◆大相径庭

dà xiāng jìng tíng

成语解释：径：门外的路；庭：门院里的地；径庭：喻相差很远。形容事物区别明显。两者大不相同；相差很远甚至完全相反。

成语出处：《庄子·逍遥游》："吾惊怖其言，犹河汉而无极也。大有径庭，不近人情焉。"

成语用法：偏正式；作谓语。

成语辨析：大相径庭和天壤之别都有相差很远的意思。但大相径庭常含有彼此矛盾的意思，天壤之别仅强调差别极大。

成语示例：由于我们的观点大相径庭，讨论陷入了僵局。

◆大愚不灵

dà yú bù líng

成语解释：愚：愚笨；灵：聪明灵巧。非常愚笨的人不晓事，很不机灵。

成语出处：《庄子·天地》："大惑者终身不解，大愚者终身不灵。"

成语用法：紧缩式；作宾语、定语；用于书面语。

成语示例：这既是时势造英雄的年代，这还是大愚不灵的年代；这是信仰缺失的时期，这更是怀疑至善的时期。

◆大泽礨空

dà zé lěi kōng

成语解释：大泽：很大的水面，多指湖泊；礨空：蚁穴。小蚂蚁空居于大泽之中。形容二者相比过于悬殊。

成语出处：《庄子·秋水》："计四海之在天地之间也，不似礨空之在大泽乎？计中国之在海内，不似稊米之在太仓乎？"

成语用法：联合式；作宾语。

成语示例：地球相较之宇宙，不啻为大泽罍空，太邈小了。

◆呆若木鸡

dāi ruò mù jī

成语解释：愣着不动，像只木头鸡。形容人痴或因惊恐而发愣的神态。同"呆如木鸡""呆似木鸡"。

成语出处：《庄子·达生》："鸡虽有鸣者，已无变矣，望之似木鸡矣；其德全矣，异鸡无敢应者，反走矣。"

成语用法：偏正式；作谓语、状语、补语；含贬义。

成语辨析：呆若木鸡和目瞪口呆，都是从形体上来描绘吃惊发愣的样子，但形体的部位不同，吃惊的程度也有差别。呆若木鸡形容全身都像木鸡似的呆着，程度较重；目瞪口呆从眼睛不动、嘴不能说等面部表情来形容发愣的样子。

成语示例：都好半天了，他仍然呆若木鸡地瞪着天花板看。

┌─ 成语故事 ─┐

公元前789年，周宣王姬静率领军队在千亩同姜戎发生激战，结果吃了败仗，损失惨重。他好大喜功，不顾百姓安危，又下令在太原地区调查百姓的户数，准备征兵再战。大臣仲山甫极力劝谏，周宣王就是听不进去。

周宣王有一个特殊的爱好，就是喜欢看鸡斗架，他让太监们养了不少精壮矫健的公鸡，退朝后经常在后宫的平台上看斗鸡取乐。时间一久，他发现无论哪一只勇猛善斗的鸡都没有常胜不败的，心里总感到不满足。大臣仲山甫为使周宣王争强好胜的心有所收敛，使百姓免受兵灾之苦，就把齐国一位叫纪渻子的驯鸡能手请到镐京，要他为周宣王训练出一只常胜不败的斗鸡。纪渻子从鸡群中挑出一只金爪彩羽的高冠鸡，在没训练之前，他要求周宣王

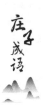

不要让人去干扰他。十天后，心急的周宣王等不及了，派人去问纪渻子："鸡可以斗了吗？"纪浩子说："不行，这只鸡傲慢自恃，上阵必败。"

过了十天，周宣王又派人去催问："鸡可以斗了吗？"纪渻子说："不行，这只鸡遇到风吹草动还会做出敏捷的反应。"

又过十天，周宣王实在等不及了，就把纪渻子召到宫中亲自问他："鸡可以斗了吗？"纪渻子仍然说："不行，这只鸡眼下还善于怒视且有傲气。"周宣王说："善于怒视且有傲气不正是勇猛善斗的表现吗？"纪渻子说："大王过去养的那些勇猛善斗的鸡，哪一只是常胜不败的呢？"又过了十天，纪渻子主动进宫对周宣王说："差不多了，现在这只鸡听到动静毫无反应，精神处于高度凝寂的状态，表面上看来像木鸡一样呆笨，可内在的力量无穷无尽，别的鸡见了它，只好躲避逃走，没有一个敢与它交锋"。周宣王从中悟出道理，收回了征兵再战的旨令。

◆淡水交情

dàn shuǐ jiāo qíng

成语解释：友情像水一样清澈。指不以势利为基础的朋友，指君子之交。

成语出处：《庄子·山木》："且君子之交淡若水，小人之交甘若醴；君子淡以亲，小人甘以绝。"

成语用法：偏正式；作主语、宾语。

成语示例：谷雨谷雨，雨水多了，谷子长得更好；薪水多了，肚子填得更好；油水多了，房子装得更好；口水多了，身子养得更好；淡水交情多了，这辈子过得更好！

◆盗亦有道

dào yì yǒu dào

成语解释：强盗也有强盗的一套道理；做强盗的人，也有自己的规矩和道义。

成语出处：《庄子·胠箧》："故跖之徒问于跖曰：'盗亦有道乎？'跖曰：'何适而无有道邪？……'"

成语用法：紧缩式；作分句。

成语示例：你们都听着，我们乃拦路大盗，盗亦有道，只求钱财，不伤身家性命！

成语故事

有一次，盗跖的门徒向盗跖问道："做强盗也有规矩和准则吗？"盗跖回答说："什么地方没有规矩和准则呢！做盗则自然也有盗贼的规则。不进门就能推测屋里储藏着什么财物，这就是圣明；率先进到屋里，这就是勇敢；最后退出屋子，这就是义气；能知道可否采取行动，这就是智慧；事后分配公平，这就是仁爱。以上五样不能具备，却想成为大盗，是不可能的。"由此可见，即使是最为人所不齿的盗贼，也有他们的行为规范。

◆德配天地

dé pèi tiān dì

成语解释：道德可与天地匹配。极言道德之高尚盛大。

成语出处：《庄子·田子方》："夫子德配天地，而犹假至言以修心。"

成语用法：主谓式；作谓语、定语、宾语；用于人的品行。

成语示例：你我两家过去虽多有误会，但你德配天地，造福亿万苍生，我兄弟二人不能不来，当拜你一拜！

◆**得心应手**

dé xīn yìng shǒu

成语解释：心里怎样想，手上就能相应地怎样做。形容功夫到家，技艺纯熟，做起来很顺手。也作得手应心。

成语出处：《庄子·天道》："不徐不疾，得之于手而应于心，口不能言，有数存焉于其间。"

成语用法：联动式；作宾语、定语、状语。

成语辨析：（一）得心应手和随心所欲都表示心里怎么想就怎么做出来的意思，有时都可表示做事"顺手"。不同在于：①同样表示做事十分顺当，得心应手表示"顺心，顺手"；随心所欲仅表示"顺心"。②得心应手是褒义成语，常形容技艺熟练；随心所欲是中性成语，常用来表示随着自己的心意说话、思维活动的意思。（二）得心应手和挥洒自如，都形容技艺纯熟。但得心应手范围广，可指一切技艺方面；挥洒自如侧重在善于运用笔墨，一般指书画和写文章方面。

成语示例：他就是学这个专业的，所以解决这个问题真是得心应手。

┌──────────┐
│ **成语故事** │
└──────────┘

春秋时期，一天，齐桓公正在堂上读书，琅琅的读书声不断传下堂来，蹲在那里忙于制作车子的轮扁听了有点烦心，就放下手中的工具走上来问道："请问您读的是什么书？"桓公说："我读的都是圣人的书。"轮扁问："圣人还在吗？"桓公答："当然早已死了。"轮扁说："哦，人已死了，那么你所读的书就是古人遗留下来的糟粕。"桓公一听勃然大怒："本王在这里苦读圣贤之书，你一个工匠竟敢乱发议论，你说说，为什么古人留下来的话都是糟粕？"轮扁说："大王息怒，我不过是根据自己制作车轮的手艺谈一点粗浅的看法。比如用斧子削木做榫头，削小了放进卯眼里就会松滑而不牢固，削大了就会滞涩装不进去，必须不大不小不宽不窄才能恰当吻合，牢不可动。这种技术心里怎样想，手中就相应地怎样做，口里说不出来，但自有奥妙存在其间，我不能用话语传给儿子，儿子也无法继承我，因此，我已到七十岁还靠制作车轮混饭吃。古代圣人的学问中，那些精妙的东西是无法用话语传授给别人的，必然随着他们的死去而消失，那么您现在所读的不是古人无用的糟粕又是什么？"

◆得兔忘蹄

dé tù wàng tí

成语解释：犹言得鱼忘荃。蹄，兔置；指过河拆桥。

成语出处：《庄子·外物》："蹄者所以在兔，得兔而忘蹄。"

成语用法：连动式；作谓语、宾语、定语。

成语示例：做人应该懂得感恩，不能做那种得兔忘蹄过河拆桥的事。

◆得意忘言

dé yì wàng yán

成语解释：语言是表达意思的，意思知道了，就不必记住言辞了。现多指彼此默契，心照不宣。

成语出处：《庄子·外物》："言者所以在意，得意而忘言。"

成语用法：联动式；作谓语、定语；含褒义。

成语辨析：得意忘言与得意忘形的"得意"，意义区别明显，不要混为一谈。得意忘言具体指得意于"言"上，而得意忘形是指在"形"上。

成语示例：他们在工作上配合得特别好，总是得意忘言。

◆得鱼忘筌

dé yú wàng quán

成语解释：筌：捕鱼用的竹器。捕到了鱼，忘掉了筌。比喻事情成功以后就忘了本来依靠的东西。也作"得意忘筌""得鱼忘荃"。

成语出处：《庄子·外物》："荃者所以在鱼，得鱼而忘荃；蹄者所以在兔，得兔而忘蹄。"

成语用法：联动式；作谓语、宾语、定语；含贬义。

成语示例：人活一世，应牢记父母的养育之情，而不可忘恩负义，得鱼忘筌。

成语故事

故事发生在一个老渔夫身上。一天，渔夫蹲在河边，把捕鱼的竹笼放在水里，然后，在一块石头上坐了下来，手里牵着系筌的绳子。忽然，浮标动了起来，渔夫慢慢地往上拉绳。竹笼离开水面，笼里有一条活蹦乱跳的红鲑鱼，于是他高兴地提着那条鱼回到家里，对妻子夸夸其谈，说他如何有能耐，如何捉到了这么大一条红鱼。妻子很高兴。见丈夫手中只有鱼，没有筌，就问道："你捕鱼用的筌哪儿去了？"渔夫说："我只知高兴了，把筌忘在河边了。"妻子说："你捕到了鱼，目的达到了，确实是件高兴的事，可是你把助你一臂之力的有功之筌丢在了脑后，这是万万不应该的！你忘掉了根本，下次捕鱼怎么办？"渔夫听了，恍然大悟，对妻子的见解很是佩服。

◆东施效颦

dōng shī xiào pín

成语解释：比喻不顾自身具体条件，不加分析地胡乱摹仿别人，结果适得其反，显得可笑。

成语出处：《庄子·天运》："故西施病心而矉其里，其里之丑人见而美之，归亦捧心而矉其里。其里之富人见之，坚闭门而不出；贫人见之，挈妻子而去之走。"

成语用法：主谓式；作谓语、宾语、定语；含贬义。

成语示例：不从主观实际出发，像东施效颦那样，胡乱模仿，其结果必然适得其反。

成语故事

西施是中国历史上的"四大美女"之一，是春秋时期越国人，她的一举一动都十分吸引人，只可惜她的身体不好，有心痛的毛病。

有一次，她在河边洗完衣服准备回家，就在回家的路上，突然因为胸口疼痛，所以就用手扶住胸口，皱着眉头。虽然她的样子非常难受不舒服，但是见到的村民们却都在称赞，说她这样比平时更美丽。

同村有位名叫东施的女孩，因为她的长相并不好看，他看到村里的人都夸赞西施用手扶住胸口的样子很美丽，于是也学着西施的样子扶住胸口，皱着眉头，在人们面前慢慢地走动，以为这样就有人称赞她。她本来就长得丑，再加上刻意地模仿西施的动作，装腔作势的怪样子，让人更加厌恶。有人看到之后，赶紧关上大门；有些人则是急忙拉妻儿躲得远远的，简直像见了瘟神一般。

◆冻解冰释

dòng jiě bīng shì

成语解释：如同冰冻融化一般，比喻困难或障碍消除。

成语出处：《庄子·庚桑楚》："是乃所谓冰释冻释者能乎？"

成语用法：联合式；作谓语。

成语示例：通过老师的耐心解释，小明对这个问题的疑惑顿时冻解冰释了。

◆斗升之水

dǒu shēng zhī shuǐ

成语解释：比喻微薄的资助。

成语出处：《庄子·外物》："我东海之波臣也，君岂有斗升之水而活我哉？"

成语用法：偏正式；作宾语。

成语示例：这点慰劳品虽然只是斗升之水，但却表达出劳苦大众对子弟兵的一片心意。

> **成语故事**

庄周在旅行途中听到有声音叫他，他在车辙中发现一条鲋鱼，鲋鱼即将缺水而死，请求帮助，庄周准备取一杯水救它，鲋鱼说它是东海的波臣，哪里是这斗升之水能够生活下去的！

◆斗水活鳞

dòu shuǐ huó lín

成语解释：比喻得到微薄的资助而解救眼前的危急。

成语出处：《庄子·外物》："周昨来，有中道而呼者。周顾视车辙中，有鲋鱼焉。周问之曰：'鲋鱼来！子何为者邪？'对曰：'我，东海之波臣也。君岂有斗升之水而活我哉？'"

成语用法：主谓式；作宾语、定语；用于求助。

成语示例：今年家乡受灾，生活无着，只能携家带口前来投奔老亲翁，只愿斗水活鳞度过难关，不敢有其他奢求。

◆独往独来

dú wǎng dú lái

成语解释：指行动自由，没有阻碍。又指作文用字独具一格，后指单独往来。

成语出处：《庄子·在宥》："出入六合，游乎九州，独往独来，是谓独有。"

成语用法：联合式；作谓语、定语、补语。

成语示例：如果孩子长期独往独来，容易养成孤僻、怪异、不合群的性格，从而不能形成完整的人格。

◆短绠汲深

duǎn gěng jí shēn

成语解释：绠：汲水用的绳子；汲：从井里打水。吊桶的绳子短，打不了深井里的水。比喻能力薄弱，难以担任艰巨的任务。又作"绠短汲深"。

成语出处：《庄子·至乐》："褚小者不可以怀大，绠短者不可以汲深。"

成语用法：紧缩式；作宾语、定语。

成语示例：那个倒闭公司的上级大都短绠汲深，当然就无法正确领导下属了。

成语故事

春秋时期，孔子的弟子颜渊从鲁国到齐国去，准备与齐国的国君谈治理国家的大道理。孔子不放心，子贡问何故，孔子说："我想起管子的一句话'褚小者不可以怀大，绠短者不可以汲深'，对待具体问题要具体分析，颜渊难以做到。"

◆遁天之刑

dùn tiān zhī xíng

成语解释：指违背自然规律所受的刑罚。

成语出处：《庄子·养生主》："是遁天倍情，忘其所受，古者谓之遁天之刑。"

成语用法：动宾式，作宾语。

成语示例：我们不能违背大自然的规律，过度开发索取，造成生态失衡，以免遭到遁天之刑，受到大自然的惩罚。

◆二缶钟惑

èr fǒu zhōng huò

成语解释：缶、钟：指量器。用两种容量不同的器具计量粮食，怎么也量不清。比喻标准不一，是非不明。泛指人分不清是非。

成语出处：《庄子·天地》："以二缶钟惑，而所适不得矣。"

成语用法：偏正式；作宾语、补语。

成语示例：自己都迷惑不清，还要来蛊惑别人，这岂不是二缶钟惑吗？

◆发硎新试

fā xíng xīn shì

成语解释：硎：磨刀石。像新磨的刀那样锋利。比喻新做某件事情就显露出出色的才干。也作"新硎初试"，指初露锋芒。

成语出处：《庄子·养生主》："是以十九年而刀刃若新发于硎。"

成语用法：主谓式；作宾语、补语。

成语示例：操练了几年，今日发硎新试，勇气百倍。

◆方生方死

fāng shēng fāng sǐ

成语解释：方：正在。指事物不断生成或消亡。用于人或事物等。

成语出处：《庄子·齐物论》："方生方死，方死方生。"

成语用法：联合式；作谓语、定语、宾语。

成语示例：既然这样，那么方生方死，方死方生；方可方不可，方不可方可；因是因非，因非因是。

◆方外之人

fāng wài zhī rén

成语解释：方外：世外。原指言行超脱于世俗礼教之外的人。后指僧道。

成语出处：《庄子·大宗师》："彼游方之外者也，而丘游方之内者也。"

成语用法：偏正式；作宾语。

成语示例：作为一个方外之人，庄子有非常人所拥有的智慧与胆略，他的美学趣味当然也与众不同。

◆废然而反

fèi rán ér fǎn

成语解释：废然：沮丧失望的样子。反：返回。怀着失望的心情而归来。形容因消极失望而中途退缩。指败兴而归。亦作"废然思返""废然而返"。

成语出处：《庄子·德充符》："我拂然而怒，而适先生之所，则废然而反。"

成语用法：偏正式；作谓语。

成语示例：他弄脏了西服就只能废然而反了。

◆分庭抗礼

fēn tíng kàng lǐ

成语解释：庭：庭院；抗：对等；相当；抗礼：行平等的礼。古时宾客和主人相见，分别站在庭院两边相对行礼，以平等地位相待。后比喻对方以平等或对等的关系相处，不分上下。有时比喻互相对立或搞分裂、闹独立。

成语出处：《庄子·渔父》："万乘之主，千乘之君，见夫子未尝不分庭伉礼。"

成语用法：联合式；作谓语、宾语；用于双方。

成语辨析：分庭抗礼和平起平坐都有地位平等的意思。不同在于：①平起平坐含有"权力相等"的意思，分庭抗礼没有。分庭抗礼仅用于双方，平起平坐多用于双方，有时也可用于多方。分庭抗礼比喻互相对立或争权，平起平坐不能。

成语示例：他学了几年的二胡，近来进步神速，已经能和师傅分庭抗礼了。

> ### 成语故事

一天，孔子和弟子们在树林里休息。弟子们读书，孔子独自弹琴。一曲未了，一条船停在附近的河岸边，一位须眉全白的老渔夫走上河岸，坐在树林的另一头，侧耳恭听孔子的弹奏。孔子弹完了一支曲子后，渔夫招手叫孔子的弟子子贡、子路到他跟前，并且问道："这位弹琴的老人是谁呀？"

子路高声说道："他就是我们的先生，鲁国的君子孔子呀！"

子贡补充说："他，就是以忠信、仁义闻名于各国的孔圣人。"

渔夫微微一笑，说："恐怕是危忘真性，偏行仁爱呀。"

渔夫说完，转身朝河岸走去。子贡急忙把渔夫说的话报告孔子。孔子听后马上放下琴，猛然站起身，惊喜地说："这位是圣人呀，快去追他！"

孔子快步赶到河边，渔夫正要划船离岸，孔子尊敬地向他拜了两拜，说："我从小读书求学，到现在已经六十九岁了，还没有听到过高深的教导，怎么敢不虚心地请求您帮助呢？"

渔夫也不客气，走下船对孔子说："所谓真，就是精诚所至，不精不诚，就不能动人。所以，强哭者虽悲而不哀，强怒者虽严而不威，强亲者虽笑而不和。真正的悲没有声音感到哀，真正的怒没有发出来而显得威，真正的亲不笑而感到和蔼。真在内者，神动于外，所以真是非常可贵的。从此用于人间的情理，事奉亲人则慈孝，事奉君主则忠贞，饮酒则欢乐，处丧则悲哀。"

孔子听了很受启发，不住地点头。最后，孔子卑谦地对渔夫说："遇见先生真是幸运。我愿意做您的学生，得到您的教诲。请告诉我您住在哪里好吗？"

渔夫没有告诉他住在哪里，而是跳上小船，独自划船走了。这时，颜渊已把车子拉过来，子路把上车拉的带子递给孔子，但孔子全不在意，两眼直勾勾地望着渔夫的船影，一直到看不见船的影儿，听不见划水的声音，才惆怅地上车。

子路对孔子出乎寻常的表现不理解，在车旁问道："我为您驾车已经很久了，还没见过像渔夫这样傲慢的人。就是天子和诸侯见到您，也是相对得礼，平等相待，您还面带尊严之色呢！但今天，那个渔夫撑着船篙漫不经心地站着，而您却弯腰弓背，先拜后说话，是不是太过分了呢？我们几个弟子都对您这举动觉得奇怪：对渔夫怎么可以这样恭敬呢？"

孔子听了子路的话很不高兴，伏着车子叹口气说："唉，子路，你真是难以教化。你那鄙拙之心至今未改！你靠近一点，我告诉你听：遇到年长的不敬是失礼，遇到贤人不尊是不仁，不仁不爱是造祸的根本。今天这位渔夫是懂得道理的贤人，我怎么能不敬他呢？"

◆焚符破玺

fén fú pò xǐ

成语解释：烧毁信符，打碎玉印。意思是抛弃仁圣知识，才不会出现窃国大盗；毁掉珍珠宝玉，才不会发生小偷小摸的事；烧掉信符，打碎玉印，人民自然朴素无欲；打破容器，折断秤杆，人民自然不争。

成语出处：《庄子·胠箧》："故绝圣弃知，大盗乃止；擿玉毁珠，小盗不起；焚符破玺，而民朴鄙；掊斗折衡，而民不争。"

成语用法：联合式，作谓语、宾语、状语。

成语示例：庄子的政治思想就是要弃绝圣智，焚符破玺，归于自然无为之世。

◆夫负妻戴

fū fù qī dài

成语解释：谓夫妻远徙避世，不慕荣利。用于书面语。

成语出处：《庄子·让王》："以舜之德为未至也，于是夫负妻戴，携子以入于海。终身不反也。"

成语用法：联合式；作宾语、定语。

成语示例：于是他夫负妻戴携子带女，隐于终南山中。

┌─ **成语故事** ─┐

春秋时期，楚狂接舆躬耕而食。楚王派人请他出任淮南长官，接舆笑而不应。他的妻子认为不遵从君命是不忠，遵从了又违义。于是楚狂接舆背负釜甑，他的妻子头顶织布的器具，变名易姓远走他乡，不知所终。

040

◆妇姑勃溪

fù gū bó xī

成语解释：勃溪：争斗，吵架。儿媳和婆婆争吵。泛指为日常鸡毛蒜皮的小事而争吵。比喻内部争斗。

成语出处：《庄子·外物》："室无空虚，则妇姑勃溪。"

成语用法：主谓式；作宾语、定语；含贬义，比喻内部争斗。

成语示例：跟老人一起过日子，尤其人口多的家庭，妇姑勃溪的事情是难免的。

◆怫然作色

fú rán zuò sè

成语解释：怫然：愤怒的样子。脸上现出愤怒之色。

成语出处：《庄子·天地》："谓己谀人，则怫然作色。"

成语用法：偏正式；作谓语。

成语示例：那老头怫然作色道："那么你的意思是说我睡错地方了？"

◆负石赴河

fù shí fù hé

成语解释：河：这里指黄河。背着石头跳进黄河。比喻人以死明志。亦作"负石赴渊"。用于人或处事。

成语出处：《庄子·盗跖》："申徒狄谏而不听，负石自投于河，为鱼鳖所食。"

成语用法：偏正式；作谓语、定语。

成语示例：古人有时为了某种信念而负石赴河，无所畏惧。

◆扶摇直上

fú yáo zhí shàng

成语解释：扶摇：迅猛盘旋而上的旋风。乘着大旋风之势一直上升。比喻事物迅速地直线上升。有时也比喻官职提升得很快。亦作"扶摇而上""扶摇万里"。形容职位、地位等快速上升。

成语出处：《庄子·逍遥游》："鹏之徙于南冥，水击三千里，抟扶摇而上者九万里。"

成语用法：主谓式；作谓语、宾语、定语。

成语辨析：扶摇直上和青云直上，都有"一直快速上升"的意思，都能指职务、地位迅速上升。但扶摇直上应用范围广，还能指其他事物飞快上升等。

成语示例：小李最初进出版社时只是抄写员，不到两年便扶摇直上，升为主任了。

◆斧钺之诛

fǔ yuè zhī zhū

成语解释：钺：古代兵器，像大斧；诛：杀戮，杀死。意思是用斧、钺杀人的刑罚，泛指死刑。

成语出处：《庄子·至乐》："庄子之楚，见空髑髅髐然有形，撤以马捶，因而问之曰：夫子贪生失理而为此乎？将子有亡国之事、斧钺之诛而此乎？"

成语用法：偏正式；作宾语。

成语示例：臣今不避斧钺之诛，直言冒渎天听，乞速加整饬，以救危亡。

〔 **成语故事** 〕

庄子到楚国去，途中见到一个骷髅，枯骨突露呈现出原形。庄子用马鞭从侧旁敲了敲。于是问道："先生是贪求生命、失却真理，因而成了这样呢？抑或你遇上了亡国的大事，遭受到刀斧的砍杀，因而成了这样呢？抑或有了不好的行为，担心给父母、妻儿子女留下耻辱，羞愧而死成了这样呢？抑或你遭受寒冷与饥饿的灾祸而成了这样呢？抑或你享尽天年而死去成了这样呢？"庄子说罢，拿过骷髅，用作枕头而睡去。

到了半夜，骷髅给庄子显梦说："你先前谈话的情况真像一个善于辩论的人。看你所说的那些话，全属于活人的拘累，人死了就没有上述的忧患了。你愿意听听人死后的有关情况和道理吗？"庄子说："好。"骷髅说："人一旦死了，在上没有国君的统治，在下没有官吏的管辖；也没有四季的操劳，从容安逸地把天地的长久看作是时令的流逝，即使南面为王的快乐，也不可能超过。"庄子不相信，说："我让主管生命的神来恢复你的形体，为你重新长出骨肉肌肤，返回到你的父母、妻子儿女、左右邻里和朋友故交中去，你希望这样做吗？"骷髅皱眉蹙额，深感忧虑地说："我怎么能抛弃南面称王的快乐而再次经历人世的劳苦呢？"

◆附赘悬疣

fù zhuì xuán yóu

成语解释：附赘：附生于皮肤上的肉瘤；悬疣：皮肤上突起的瘊子。比喻多余无用的东西。

成语出处：《庄子·骈拇》："附赘悬疣，出乎形哉！而侈于性。"

成语用法：联合式；作谓语、定语。

成语示例：写文章应力求简洁，一切附赘悬疣尽量删除。

◆改容更貌

gǎi róng gēng mào

成语解释：改：改换；容：神色；更：更改；貌：相貌。指变了神色或模样。

成语出处：《庄子·德充符》："'吾与夫子游十九年，而未尝知吾兀

者也。今子与我游于形骸之内，而子学我于形骸之外，不亦过乎？'子产蹴然改容更貌，曰：'子无乃称。'"

成语用法：联合式；作谓语、宾语。

成语示例：小明听了这话，蹴然改容更貌说："这究竟是怎么回事？"

◆高官尊爵

gāo guān zūn jué

成语解释：显贵的官职和爵位。

成语出处：《庄子·让王》："今世之人居高官尊爵者，皆重失之。"

成语用法：联合式；作谓语、宾语、定语。

成语示例：今天，"德"依旧是个人修养、素质、品位、格调，"位"却不仅仅是高官尊爵，还包括巨富厚禄、显赫声名等。

◆膏火自煎

gāo huǒ zì jiān

成语解释：油脂因能照明而致燃烧，比喻人因有才能或有财产而得祸。

成语出处：《庄子·人间世》："山木自寇也，膏火自煎也。"

成语用法：主谓式；作谓语、定语。

成语示例：那群兵痞在张家祸害了几天，满意而去，张富贵便一病不起呜呼哀哉了。这可真是膏火自煎，多财为祸呀！

◆槁木死灰

gǎo mù sǐ huī

成语解释: 槁:干枯。干枯的树木;冷却的灰烬。比喻心灰意冷,消沉已极或对一切事情无动于衷、冷漠无情。

成语出处:《庄子·齐物论》:"形固可使如槁木,而心固可使如死灰乎?"

成语用法: 联合式;作宾语、状语;用于比喻句。

成语示例: 车祸夺走了她的丈夫,她一下子变得如槁木死灰一般,一点热情都没有了。

◆绠短汲深

gěng duǎn jí shēn

成语解释: 绠:汲水用的绳子;汲:从井里打水。井深而吊绳短。比喻能力薄弱,难以担任艰巨的任务。也作"短绠汲深"。

成语出处:《庄子·至乐》:"褚小者不可以怀大,绠短者不可以汲深。"

成语用法: 联合式;作宾语、定语;指力小任重的谦辞。

成语示例: 这个担子太重,我怕绠短汲深,难以胜任。

成语故事

孔子的学生颜回要去齐国,临行前来向孔子告别。孔子面有忧色,子贡觉得奇怪,上前问孔子道:"颜回要到齐国去施展自己的政治才能,这是件好事呀!先生为何却忧心忡忡呢?"

孔子说:"你问得好!管仲先生曾说过这样一句话,我很赞同。他说:'袋子小就装不下大东西,绳子短就汲不起深井里的水。'我之所以忧虑,就是担心颜回去跟齐国国君讲述尧舜帝的圣言,齐君会觉得自己不如古代的圣人,因此会产生疑心,弄不好,颜回就会招来杀身之祸呀!"

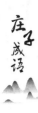

◆功盖天下

gōng gài tiān xià

成语解释：指功劳巨大、天下第一。

成语出处：《庄子·应帝王》："老聃曰：'明王之治，功盖天下而似不自己，化贷万物而民弗恃。'"

成语用法：主谓式；作谓语、定语。

成语示例：如今秦王功盖天下，四海扬名，英雄豪杰，莫不归附。

成语故事

阳子居拜见老聃，说："倘若现在有这样一个人，他办事迅疾敏捷、强干果决，对待事物洞察准确、了解透彻，学'道'专心勤奋从不厌怠。象这样的人，可以跟圣哲之王相比而并列吗？"老聃说："这样的人在圣人看来，只不过就像聪明的小吏供职办事时为技能所拘系、劳苦身躯担惊受怕的情况。况且虎豹因为毛色美丽而招来众多猎人的围捕，猕猴因为跳跃敏捷、狗因为捕物迅猛而招致绳索的拘缚。象这样的动物，也可以拿来跟圣哲之王相比而并列吗？"阳子居听了这番话脸色顿改，不安地说："冒昧地请教圣哲之王怎么治理天下。"老聃说："圣哲之王治理天下，功绩普盖天下却又像什么也不曾出自自己的努力，教化施及万物而百姓却不觉得有所依赖；功德无量没有什么办法称述赞美，使万事万物各居其所而欣然自得；立足于高深莫测的神妙之境，而生活在什么也不存在的世界里。"

◆鼓腹而游

gǔ fù ér yóu

成语解释：鼓腹：鼓起肚子，即饱食。饱食挺腹，悠闲游玩。形容太平时代人们过着安乐的生活。

成语出处：《庄子·马蹄》："夫赫胥氏之时，民居不知所为，行不知其之，含哺而熙，鼓腹而游。"

成语用法：偏正式；作谓语、定语。

成语示例：山里的生活虽不富裕，却无杂事烦扰，整日鼓腹而游，优哉乐哉！

◆鼓盆而歌

gǔ pén ér gē

成语解释：鼓：乐器名，此处作动词，击打、敲击；盆：古代量器；表示对生死的乐观态度，也表示丧妻的悲哀。

成语出处：《庄子·至乐》："庄子妻死，惠子吊之，庄子则方箕踞鼓盆而歌。惠子曰：'与人居，长子，老，身，死，不哭亦足矣，又鼓盆而歌，不亦甚乎！'"

成语用法：偏正式，作谓语、宾语。

成语示例：安时处顺、穷通自乐、鼓盆而歌，当我们为生活的得失而辗转周旋的时候，读《庄子》就显得很有必要了。

成语故事

庄子的妻子死了，惠子（惠施）前往庄子家吊唁，只见庄子岔开两腿，像个簸箕似的坐在地上，一边敲打着瓦缶一边唱着歌。惠子说："你的妻子和你一起生活，生儿育女直至衰老而死，身死你不哭泣也就算了，竟然敲着瓦缶唱歌，不觉得太过分了吗！"

庄子说："不对的，我妻子初死之时，我怎么能不感慨伤心呢！然而仔细想想，她原本就不曾出生，不仅不曾出生而且本来就不曾具有形体，不仅不曾具有形体而且原本就不曾形成元气。夹杂在恍恍惚惚的境域之中，变化而有了气息，气息变化而有了元气，元气变化而有了生命，如今变化又回到死亡，这就跟春夏秋冬四季运行一样。死去的那个人静静地寝卧在天地之间，而我却呜呜地随之而啼哭，自认为这是不能通达天命，于是就停止了哭泣。"

◆鼓盆之戚

gǔ pén zhī qī

成语解释：旧时指死了妻子。戚：哀戚，悲伤。

成语出处：《庄子·至乐》："庄子妻死，惠子吊之，庄子则方箕踞鼓盆而歌。"

成语用法：偏正式；作宾语。

成语示例：他去年遭丧子之痛，今又逢鼓盆之戚，顿时像换了一个人，变得百无聊赖精神全无了。

◆姑妄听之

gū wàng tīng zhī

成语解释：姑：姑且；妄：随便。姑且随便听听，不一定就相信。

成语出处：《庄子·齐物论》："予尝为女妄言之，女以妄听之。"

成语用法：偏正式；作谓语、宾语、定语。

成语示例：他说的这件事，你不妨姑妄听之，不必在意。

◆姑妄言之

gū wàng yán zhī

成语解释：姑：姑且；妄：随便。姑且随便说说，不一定有什么道理。多用作自谦之辞。

成语出处：《庄子·齐物论》："予尝为女妄言之，女以妄听之。"

成语用法：偏正式；作谓语、定语；常与姑妄听之连用。

成语示例：对于这事，我也是道听途说，姑妄言之，请你不必介意。

◆官止神行

guān zhǐ shén xíng

成语解释：指对某一事物有透彻的了解。

成语出处：《庄子·养生主》："方今之时，臣以神遇而不以目视，官知止而神欲行。"

成语用法：联合式；作宾语、定语。

成语示例：张师傅做盆景又快又好，真是官止神行，得心应手。

◆管中窥天

guǎn zhōng kuī tiān

成语解释：管：竹管；窥：从小孔或缝隙里看。通过竹管子的孔看天，比喻见闻狭隘或看事片面。

成语出处：《庄子·秋水》："是直用管窥天，用锥指地也，不亦小乎？"

成语用法：偏正式；作宾语、定语。

成语示例：听他报告后，我才知道他也是管中窥天，并不全面了解事情的真相。

◆鬼斧神工

guǐ fǔ shén gōng

成语解释：像是鬼神制作出来的。形容艺术技巧高超，不是人力所能达到的。多用来形容建筑、雕塑的技艺精巧。

成语出处：《庄子·达生》："梓庆削木为鐻；鐻成；见者惊犹鬼神。"

成语用法：联合式；作主语、宾语。

成语示例：望着万仞崖顶上那笔直的松树，大家不由得赞叹大自然的鬼斧神工。

成语故事

　　从前，有个木工叫梓庆，他的手艺远近有名。于是，鲁国国君便请他制作一种叫鐻的器具用以悬挂钟磬等乐器，上面还雕刻着鸟兽等装饰图案。没几天，鐻做成了，大家看后都惊叹不已，纷纷称赞做工精巧，犹如鬼斧神工一样。鲁国国君见了，十分高兴，他问梓庆道："造得太好了，你是用什么神妙的技术制成这个鐻的呢？"

　　木工梓庆回答说："我只是个木匠，哪里有什么神功妙术呢？不过，有一点我觉得还可以说说。我将要做鐻的时候，从不敢用别的事情来打扰或损耗我的精神，一定要修身养性使自己心神安定，用斋戒排除一切杂念，更不敢怀有欢庆奖赏爵禄的念头，对别人的好坏精粗的评价都不放在心上，甚至把自己的四肢形体也忘掉了。达到这个程度时，我便思想精神高度集中，外界的一切干扰对我都不起作用。这时，我不知道在给朝廷做事，内心专一，外在扰乱心神的事完全消失。然后我再到山林里去，观察树木的天然形态和木质，挑选那些最适合做鐻的树木，先在我的心目中形成一个完整的鐻，我才动手制作。如果我的修养达不到这种程度，那我就不能制作。这样就做到了以我的自然来适应树木的自然。所以，我做的鐻被人疑为鬼神所造，大概就是这种缘故吧！"鲁国国君听了，恍然大悟。

◆害群之马

hài qún zhī mǎ

　　成语解释：危害马群的劣马。比喻危害社会或集体的人。

　　成语出处：《庄子·徐无鬼》："夫为天下者，亦奚以异乎牧马者哉？"

　　成语用法：偏正式；作宾语、定语；含贬义。

　　成语示例：以前他是村里有名的害群之马，经过大家的帮助教育，如今已经改邪归正了。

　　黄帝姓姬，号轩辕氏，是中华民族的共同祖先。有一次，黄帝要到具茨山去，走到襄城迷了路，恰巧遇到一个牧马的男孩，便问道："你知道具茨山在哪里吗？"男孩回答说："知道。"黄帝又问："你知道大隗在什么地方吗？"男孩又回答说知道。黄帝很高兴地说："小孩你真不简单，不但知道具茨山，还知道大隗的住处，既然你如此博学广闻，那我就再问问你，你知道如何治理天下吗？"男孩回答说："治理天下有什么了不起，前几年我带着病独自出游，有位长辈人告诫说：'你游览襄城野外，要注意日出而游，日落而息。'现在我身体好多了，打算再次出游更远的地方。所谓治理天下，不过如此而已，我还有什么可说的呢！"

　　黄帝见小孩聪明伶俐，口若悬河，便再次要他回答究竟怎样治理天下。男孩无奈，便回答说："治理天下的人，难道和牧马的人有什么不同吗？只不过把危害马群的坏马驱逐出去而已。"黄帝对男孩的回答非常满意，称他为"天师"，恭恭敬敬地向他拜了几拜，然后离去。

◆ 含哺鼓腹

hán bǔ gǔ fù

成语解释：哺：口中所含的食物；鼓腹：鼓起肚子，即饱食。口含食物，手拍肚子。形容太平时代无忧无虑的安乐生活。

成语出处：《庄子·马蹄》："夫赫胥氏之时，民居不知所为，行不知所之，含哺而熙，鼓腹而游，民能以此矣。"

成语用法：联合式；作谓语、定语。

成语示例：有人把原始社会的人说成是含哺鼓腹、逍遥自在。其实，那时要吃饱肚子并不是那么容易的事。

◆邯郸学步

hán dān xué bù

成语解释：邯郸：战国时赵国的都城；步：迈步走路。比喻盲目模仿别人不成，反而把自己原有的技能丢掉了。也作"邯郸匍匐"。

成语出处：《庄子·秋水》："且子独不闻夫寿陵余子之学行于邯郸与？未得国能，又失其故行矣，直匍匐而归耳。"

成语用法：偏正式；作谓语、宾语、分句；含贬义。

成语辨析：邯郸学步和数典忘祖，都有"忘本"的意思。但数典忘祖仅有此意，而邯郸学步还有"别的也没学到"的意思。

成语示例：写作文不能照搬例文，那样会像邯郸学步一样，是写不出好文章来的。

成语故事

战国时期，赵国国都邯郸人走路姿势非常优美与潇洒，外地人很赞赏和羡慕。燕国寿陵一个少年，特别迷恋邯郸人走路的姿态，竟专门到邯郸学习，他非常用心观摩、效仿、练习，过了一段时间，他不但没学会他们走路的姿态，反而连自己原来的走法也忘记了，只好爬着回去了。

◆汗流至踵

hàn liú zhì zhǒng

成语解释：汗出得多，流到脚跟。常形容极端恐惧或惭愧。

成语出处：《庄子·田子方》："御寇伏地，汗流至踵。"

成语用法：紧缩式；作谓语、定语、状语；指满身大汗。

成语示例：关山迢递，火伞高张，顾天早已汗流至踵羞愧无力，引首以望全是深山巨树。

列御寇为伯昏无人表演射箭的本领，他拉满弓弦，又放置一杯水在手肘上，发出第一支箭，箭还未至靶的紧接着又搭上了一支箭，刚射出第二支箭而另一支又搭上了弓弦。在这个时候，列御寇的神情真像是一动也不动的木偶人似的。伯昏无人看后说："这只是有心射箭的箭法，还不是无心射箭的射法。我想跟你登上高山，脚踏危石，面对百丈的深渊，那时你还能射箭吗？"

于是伯昏无人便登上高山，脚踏危石，身临百丈深渊，然后再背转身来慢慢往悬崖退步，直到部分脚掌悬空这才拱手恭请列御寇跟上来射箭。列御寇伏在地上，吓得汗水直流到脚后跟。伯昏无人说："一个修养高尚的'至人'，上能窥测青天，下能潜入黄泉，精神自由奔放达于宇宙八方，神情始终不会改变。如今你胆战心惊有了眼花恐惧的念头，你要射中靶的不就很困难了吗？"

◆蒿目时艰

hāo mù shí jiān

成语解释：蒿目：放眼远望；时艰：时局的艰难。指忧虑艰难危急的时局。

成语出处；《庄子·骈拇》："今世之仁人，蒿目而忧世之患。"

成语用法：动宾式；作谓语。

成语示例：带头的人面色凝重，似乎内心蒿目时艰，双眼很小却不失威严。

◆濠上观鱼

háo shàng guān yú

成语解释：庄子与惠施在濠水边上看鱼，对鱼之乐是否可知进行辩论。比喻悠闲自得和超凡脱俗的情趣和精神境界。表示辩言机敏或表现寄情于物外，逍遥游乐的情怀。

成语出处：《庄子·秋水》："庄子与惠子游于濠梁之上，庄子曰：'儵（shū）

鱼出游从容，是鱼之乐也。'惠子曰：'子非鱼，安知鱼之乐？'庄子曰：'子
非我，安知我不知鱼之乐？'惠子曰：'我非子，固不知子矣；子固非鱼也，
子之不知鱼之乐，全矣。'庄子曰：'请循其本。子曰"汝安知鱼乐"云者，
既已知吾知之，而问我。我知之濠上也。'"

成语用法：紧缩式；作宾语、定语。

成语示例：他现在不用再忙于事务了，可以优游于山水之间，行濠上观
鱼之乐了。

成语故事

　　一天，庄子和他的好友惠施在濠水的河堰上游玩，庄子说："你看这条
鱼在水中游得多么从容自在，它是多么地快乐呀！"惠施说："你又不是鱼，
你怎么知道鱼的快乐？"庄子说："你不是我，怎么知道我不懂得鱼的快乐？"
惠施说："我不是你，当然不知道你是喜是忧，但你不是鱼，你不知道鱼的
快乐是肯定无疑、无可辩驳的。"庄子说："我们从头说起，你刚才问我怎
么知道鱼是快乐的，这说明你已经知道我了解了鱼的快乐才会这样问我的。
我现在告诉你，我是从自己的感受中体会的，我们二人在河边同游观水，悠
闲自在，自得其乐。你再看看那水中的鱼，摇头摆尾地游来游去，从容不迫
地望着我们，不回避，不惊慌，它们此刻的心情和我们一样，感到十分快乐。"
庄子一番话，说得惠施无言以对。

◆和而不唱

hé ér bù chàng

成语解释：赞同别人的意见，不坚持自己的说法。

成语出处：《庄子·德充符》："和而不唱，知不出乎四城。"

成语用法：偏正式；作谓语、定语；用于处事等。

成语示例：老周圆滑世故，与人和而不唱，一贯的"老好人"。

◆河汉斯言

hé hàn sī yán

成语解释：河汉：银河，此比喻言论夸张荒诞，不着边际。斯：此。把这番话看作是虚夸不实的言论。

成语出处：《庄子·逍遥游》："吾闻言于接舆，大而无当，往而不返，吾惊怖其言，犹河汉无极。"

成语用法：紧缩式；作谓语、宾语、定语；用于书面语。

成语示例：把群众意见当作河汉斯言是做不好工作的。

◆河汉无极

hé hàn wú jí

成语解释：河汉：银河；极：尽头，边际。银河广阔，无边无际。比喻言论荒诞不经，难以置信。亦比喻恩泽广大，使人难以报答。

成语出处：《庄子·逍遥游》："吾闻言于接舆，大而无当，往而不返，吾惊怖其言，犹河汉而无极也。"

成语用法：主谓式；作宾语、定语；用于比喻句。

成语示例：循襟佩德，抚事知恩，山岳有轻，河汉无极。

◆涸辙之鲋

hé zhé zhī fù

成语解释：涸：干；辙：车轮辗过的痕迹；鲋：鲫鱼。水干了的车沟里的小鱼。比喻在困境中急待援救的人。

成语出处：《庄子·外物》："周昨来，有中道而呼者。周顾视车辙中，有鲋鱼焉。周问之曰：'鲋鱼来！子何为者邪？'"

成语用法：偏正式；作主语、宾语。

成语示例：内地雪灾十分严重，数以万计灾民如涸辙之鲋，受断电断粮之苦，正需要大家伸手援助。

战国时期，庄子由于家中贫穷，去找一位任监河侯的朋友去借粮。监河侯表面上很客气，心里却不愿意帮助他，装出十分慷慨的样子说："老朋友有难处了，我一定鼎力相助，等到秋后我的封地收了赋税之后，我借给你三百金，怎么样啊？"庄子见他这幅虚伪而又装腔作势的形态，很生气地说："刚才我在路上正走着，忽然听到路旁有呼救的声音，我扭头一看，见大路上来往车辆压出来的辙沟里有一条鲫鱼，那辙里已经没有水了，快要干死的鲫鱼少气无力地对我说：'先生，您能不能给我一升半斗的水，救救我的命。'我说：'可以，可以，当然可以，我现在正要去南方晋见吴越两国的国王，我可以让他们把西江（即长江）的水引过来，让你好好地在滔滔的江水中自由自在地生活游玩。'那鲫鱼听了之后生气地说：'你看我还能再等吗？你现在只需给我斗升之水，让我维持生命就可以了，你却不肯，等你说通吴王和越王把水引过来，我早就变成街上鱼贩叫卖的鱼干了！'"

◆鹤长凫短

hè cháng fú duǎn

成语解释：凫：野鸭；胫：小腿。比喻事物各有特点。

成语出处：《庄子·骈拇》："凫胫虽短，续之则忧；鹤胫虽长，断之则悲。"

成语用法：联合式；作宾语、定语；用于处事。

成语示例：每个学院着重点不同，鹤长凫短，各有千秋。

◆厚貌深情

hòu mào shēn qíng

成语解释：外貌厚道，内心不可捉摸。

成语出处：《庄子·列御寇》："天犹有春秋冬夏旦暮之期，人者厚貌深情。故有貌愿而益，有长若不肖。"

成语用法：联合式；作谓语、定语。

成语示例：郭先生厚貌深情，很有人缘。

◆呼牛作马

hū niú zuò mǎ

成语解释：呼：称呼。称我牛也好，称我马也好。比喻别人骂也好，称赞也好，绝不计较。也指毁誉由人，悉听自然。也作"呼牛呼马"。

成语出处：《庄子·天道》："昔者子呼我牛也，而谓之牛，呼我马也，而谓之马。"

成语用法：联合式；作谓语。

成语示例：这件事呼牛作马，都无关轻重了。

◆画地而趋

huà dì ér qū

成语解释：趋：疾走。只在规定的范围内行动。比喻不知变通。

成语出处：《庄子·人间世》："已乎已乎，临人以德；殆乎殆乎，画地而趋。"

成语用法：联动式；作谓语。

成语示例：他做事画地而趋，固执死板。

◆化腐为奇

huà fǔ wéi qí

成语解释：指变坏为好，变死板为灵巧或变无用为有用。

成语出处：《庄子·知北游》："臭腐复化为神奇，神奇复化为臭腐。"

成语用法：动宾式；作谓语、宾语、定语；指变坏为好。

成语示例：异化是写作这一艺术性精神活动的一种本质体现，往往会起到点石成金、化腐为奇的作用。

◆欢呼雀跃

huān hū què yuè

成语解释：高兴得像麻雀一样跳跃。形容非常欢乐。

成语出处：《庄子·在宥》："鸿蒙方将拊髀雀跃而游。"

成语用法：联合式；作谓语、定语、状语；含褒义。

成语示例：我国女排又夺得了世界冠军的消息传来，同学们立刻欢呼雀跃起来。

◆荒唐之言

huāng táng zhī yán

成语解释：指荒诞无稽的言论。用于说话或写文章等。

成语出处：《庄子·天下篇》："庄周闻其风而悦之，以谬悠之说，荒唐之言，无端崖之辞时恣纵而不傥。"

成语用法：偏正式；作主语、宾语。

成语示例：可怜吾皇遭他蒙骗，听信于他。竟相信那荒唐之言，加官进爵。

◆挥斥八极

huī chì bā jí

成语解释：挥斥：奔放；八极：八方，极远之处。形容人的气概非凡，能力巨大。

成语出处：《庄子·田子方》："夫至人者，上窥青天，下潜黄泉，挥斥八极，神气不变。"

成语用法：动宾式；作谓语、定语。

成语示例：不管怎么说，眼前这架势，让谢青云找到了那么股子书生意气、挥斥八极的感觉。

◆恢诡谲怪

huī guǐ jué guài

成语解释：谲怪：怪异。稀奇古怪。同"恢恑憰怪"。指奇特的东西。

成语出处：《庄子·齐物论》："恢诡谲怪，道通为一。"

成语用法：联合式；作谓语、定语。

成语示例：他整天把自己关在屋里，写一些恢诡谲怪的东西，没人知道他究竟想做什么。

◆恢恢有余

huī huī yǒu yú

成语解释：恢恢：形容宽广。指宽广而有余裕。

成语出处：《庄子·养生主》："彼节者有间，而刀刃者无厚。以无厚入有间，恢恢乎其于游刃必有余地矣。"

成语用法：补充式；作补语、定语。

成语示例：以你的能力，解决这类问题，可以说是恢恢有余。

◆惠子知我

huì zǐ zhī wǒ

成语解释：惠子指惠施，比喻朋友相知之深。

成语出处：《庄子·徐无鬼》："自夫子之死也，吾无以为质矣，吾无与言之矣。"

成语用法：主谓式；作宾语、定语。

成语示例：自从吴伟去世后，贾明常坐在公园的长椅上，望着水边的垂柳，时而自语道："惠子知我，吴伟何在！"

┌─ **成语故事** ─┐

战国时期，宋国人惠施是先秦诸子百家中的名家之一，他与庄周是好朋友，两人相交很深，经常在一起探讨问题。惠施死后，庄周路过他的墓地，曾借匠石斫垩的寓言，感慨"自夫子之死也，吾无以为质也，吾无与言之矣。"

◆祸福相生

huò fú xiāng shēng

成语解释：指祸害与幸福是相互转化、相互依存的。

成语出处：《庄子·则阳》："安危相易，祸福相生。"

成语用法：主谓式；作定语、宾语。

成语示例：不过祸福相生，生死相倚，有莫大好处的地方也有着莫大的危险。

◆昏昏默默

hūn hūn mò mò

成语解释：①看不见听不到的状态。谓至道难见莫测。②迷糊，不知所以。用于形容人的状态。

成语出处：《庄子·在宥》："至道之精，窈窈冥冥；至道之极，昏昏默默。"

成语用法：联合式；作谓语、定语、状语。

成语示例：先前在运输机坠落的过程中，机舱里完全是一片漆黑，外边更是昏昏默默，杳杳冥冥。

◆混沌不分

hùn dùn bù fēn

成语解释：混沌：亦作"浑沌"，古代寓言中的中央帝名。原意是借喻一切事物都应顺其自然。后常用以表示愚昧无知。

成语出处：《庄子·应帝王》："南海之帝为儵，北海之帝为忽，儵与忽谋报浑沌之德，曰：'人皆有七窍，以视听食息，此独无有，尝试凿之。'日凿一窍，七日而浑沌死。"

成语用法：联合式；作谓语、定语；用于处事。

成语示例：他的思维混沌不分，很难沟通。

┌─── 成语故事 ───┐

南海的大帝名叫儵，北海的大帝名叫忽，中央的大帝叫浑沌。儵与忽常常相会于浑沌之处，浑沌款待他们十分丰盛，儵和忽在一起商量报答浑沌的深厚情谊，说："人人都有眼耳口鼻七个窍孔用来视、听、吃的呼吸，唯独浑沌没有，我们试着为他凿开七窍吧！"于是他们每天凿出一个孔窍，凿了七天浑沌也就死去了。

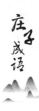

◆鸡伏鹄卵

jī fú hú luǎn

成语解释：伏：孵卵；鹄：天鹅。用鸡来孵天鹅蛋。比喻才小难当大任。

成语出处：《庄子·庚桑楚》："奔蜂不能化藿蠋，越鸡不能伏鹄卵。"

成语用法：紧缩式；作宾语、定语；用于比喻句。

成语示例：以他的资历和能力，这件事交给他有点鸡伏鹄卵，难以胜任。

> **成语故事**

相传老子的门徒庚桑楚部分地学到了老子的道，居住在北边畏垒山上，他效法推崇老子无为而治的道家思想，在选拔奴仆和侍女中凡精干聪明的被辞去，糊涂无知的被留用。他把畏垒山一带治理得平平安安，五谷丰登。畏垒山的人民要奉他为君，庚桑楚很不高兴地说："春季勃发而百草丛生，秋季果实成熟而为人所食，这是天道运行的结果，同时我也把自己置身于顺其自然的天道之中。现在畏垒的人民斤斤计较要把我放进贤人之列进行崇拜，我真是太失望了。"他的弟子南荣趎听后百思不得其解，问道："尊贤授能，崇善施利，自古如此。百姓推崇你是好事呀，你怎么还会感到失望呢？"庚桑楚说："口能含车的巨兽独自离开山林就难逃网罗之祸，吞舟的巨鱼离开水连蚂蚁也能吞噬它，难道我能离天道去为世俗之事所拖累吗？"

南荣趎听后，还是不能心领神会，庚桑楚说："越鸡不能孵化天鹅蛋，但是鲁鸡就可以。虽然都是鸡，但有能与不能的区别。人也是如此，才能有大有小，现在我的才能小，不能开导你，你还是去拜见老子去吧。"

◆击壤鼓腹

jī rǎng gǔ fù

成语解释：原谓人民吃得饱，有余闲游戏。后用为称颂太平盛世之典。

成语出处：《庄子·马蹄》："夫赫胥氏之时，民居不知所为，行不知所之，含哺而熙，鼓腹而游。"

成语用法：联合式；作谓语、定语。

成语示例：为致治之本，使政令平简，民人熙洽，海内击壤鼓腹以歌太平。

◆兼爱无私

jiān ài wú sī

成语解释：泛爱大众，对人无私心。

成语出处：《庄子·天道》："中心物恺，兼爱无私，此仁义之情也。"

成语用法：联合式；作谓语。

成语示例：梳理他们的青春奋斗历程，不难发现，与时俱进的创新意识、恪尽职守的敬业精神、兼爱无私的博爱胸怀、攻坚克难的奋斗激情是他们共同的精神印记。

成语故事

孔子想把书保藏到西边的周王室去。子路出主意说："我听说周王室管理文典的史官老聃，已经引退回到家乡隐居，先生想要藏书，不妨暂且经过他家问问意见。"孔子说："好。"

孔子前往拜见老聃，老聃对孔子的要求不予承诺，孔子于是翻检众多经书反复加以解释。老聃中途打断了孔子的解释，说："你说得太冗繁，希望能够听到有关这些书的内容大要。"孔子说："要旨就在于仁义。"老聃说："请问，仁义是人的本性吗？"孔子说："是的。君子如果不仁就不能成其名声，如果不义就不能立身社会。仁义的确是人的本性，离开了仁义又能干些什么

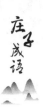

呢？"老聃说："再请问，什么叫做仁义？"孔子说："中正而且和乐外物，兼爱而且没有偏私，这就是仁义的实情。"老聃说："噫！你后面所说的这许多话几乎都是浮华虚伪的言辞！兼爱天下，这不是太迂腐了吗？对人无私，其实正是希望获得更多的人对自己的爱。先生你是想让天下的人都不失去养育自身的条件吗？那么，天地原本就有自己的运动规律，日月原本就存在光亮，星辰原本就有各自的序列，禽兽原本就有各自的群体，树木原本就直立于地面。先生你还是仿依自然的状态行事，顺着规律去进取，这就是极好的了。又何必如此急切地标榜仁义，这岂不就象是打着鼓去寻找逃亡的人，鼓声越大跑得越远吗？噫！先生扰乱了人的本性啊！"

◆监市履狶

jiān shì lǚ xī

成语解释：监市：市场管理人员；履：踩；狶：猪。监市踏在猪身上就可知猪的肥瘦。比喻善于体察事物。

成语出处：《庄子·知北游》："正获之问于监市履狶也，每下愈况。"

成语用法：主谓式；作宾语、定语；用于比喻句。

成语示例：多年来，他亲政体民，监市履狶，把小城治理得井井有条。

◆见卵求鸡

jiàn luǎn qiú jī

成语解释：看到鸡蛋，就希求蛋化为鸡，用来司晨报晓。比喻操之过急，言之过早。

成语出处：《庄子·齐物论》："女亦大早计，见卵而求时夜，见弹而求鸮炙。"

成语用法：联动式；作谓语、宾语、定语；含贬义。

成语示例：我们做任何事情，都不能急于求成，见卵求鸡，要脚踏实地，循序渐进地去完成。

┌─────────┐
│ 成语故事 │
└─────────┘

　　故事发生在战国时期师徒二人的一场对话，老师叫长悟子，学生叫瞿鹊子。一天，瞿鹊子问长悟子："我听说孔夫子曾说过：'圣人不营谋那些世俗之事，不贪图名利，不躲避危害，不热衷于追求，不拘泥于道。没有说话等于说了，说了话等于没说，而邀游于尘世之外。'孔夫子认为这都是荒诞无稽之谈，而我却认为这是妙道之理，你认为怎么样？"长悟子说："真正的道理可不是容易讲的，这些话黄帝听了都会疑惑不解，孔夫子怎么能理解呢！你未免太性急了，就像刚看到一只鸡蛋就想让它打鸣报晓，可是你还没有孵出小鸡把它喂养长大，还不知道是不是公鸡。又比如见到了一颗弹丸，还没有拿起打鸟，更不知道能不能打中，就想吃到精美的鸟肉，真是太操之过急了！"

◆见笑大方

jiàn xiào dà fāng

成语解释：指让内行人笑话。

成语出处：《庄子·秋水》："吾非至于子之门则殆矣，吾长见笑于大方之家。"

成语用法：偏正式；作宾语；常用于谦辞。

成语示例：我本行并非物理学，所以今日半路出家，夸夸而谈，真是见笑大方了！

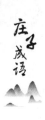

◆匠石运斤

jiàng shí yùn jīn

成语解释：匠：匠人；石：人名；运：抡；斤：斧子。原指木匠石抡斧砍掉郢人鼻尖上的白灰，而没有碰伤郢人的鼻子。后用以形容技艺精湛。

成语出处：《庄子·徐无鬼》："郢人垩漫其鼻端，若蝇翼。使匠石斫之。匠石运斤成风，听而斫之，尽垩而鼻不伤。郢人立不失容。"

成语用法：主谓式；作宾语、定语；技艺精湛超群。

成语示例：他凭着匠石运斤的本事将这个问题处理得妥妥当当。

◆交淡若水

jiāo dàn ruò shuǐ

成语解释：指道义上的往来。

成语出处：《庄子·山木》："且君子之交淡若水，小人之交甘若醴。"

成语用法：主谓式；作宾语、定语。

成语示例：他俩相知很深，但交淡若水。

◆解衣般礴

jiě yī bān bó

成语解释：意思是脱衣箕坐，指神闲意定，不拘形迹；亦指行为随便，不受拘束，同"解衣磅礴"。

成语出处：《庄子·田子方》："宋元君将画图，众史皆至，受揖而立；舐笔和墨，在外者半。有一史后至者，儃儃然不趋，受揖不立，因之舍。公使人视之，则解衣般礴，裸。"

成语用法：紧缩式；作宾语、定语；用于人的举止。

成语示例：他生性真纯，放浪形骸，与人交往解衣般礴，任性自然。

战国时期，宋元君打算画几幅画，众多的画师都赶来了，接受了旨意便在一旁恭敬地拱手站着，舔着笔，调着墨，站在门外的还有半数人。有一位画师最后来到，神态自然一点也不慌急，接受了旨意也不恭候站立，随即回到馆舍里去。宋元公派人去观察，这个画师已经解开了衣襟、裸露身子、叉腿而坐。宋元君说："好呀，这才是真正的画师。"

◆进退中绳

jìn tuì zhōng shéng

成语解释：指前进后退均合规矩。

成语出处：《庄子·达生》："东野稷以御见庄公，进退中绳，左右旋中规。"

成语用法：紧缩式；作宾语、定语；用于处事。

成语示例：陈忠一向做事沉稳，进退中绳，没有出过大的纰漏。

成语故事

东野稷因为善于驾车而得见鲁庄公，他驾车时进退能够在一条直线上，左右转弯形成规整的弧形。庄公认为就是编织花纹图案也未必赶得上，于是要他转上一百圈后再回来。颜阖遇上了这件事，入内会见庄公，说："东野稷的马一定会失败的。"庄公默不作声。不多久，东野稷果然失败而回。庄公问："你为什么事先就知道定会失败呢？"颜阖回答说："东野稷的马力气已经用尽，可是还要它转圈奔走，所以说必定会失败的。"

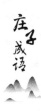

◆矜愚饰智

jīn yú shì zhì

成语解释：装作有智慧，在愚人面前夸耀自己。

成语出处：《庄子·山木》："饰知（智）以惊愚。"

成语用法：联动式；作谓语、定语。

成语示例：做人要脚踏实地，千万不要矜愚饰智自欺欺人。

成语故事

孔子曾两次被逐出鲁国，周游列国，在宋国连坐于其下的大树也被砍掉，在卫国被人铲除掉所有足迹，在商周遭遇困窘，被围困在陈国和蔡国之间。遇上这几次患难，亲戚故交也疏远了，学生朋友也离散了，孔子认为自己克己复礼做的都是好事，怎么不被人理解呢？他百思不得其解。后来，孔子听说子桑雽是一个品德高尚的人，便带着这些问题去找子桑雽求教。

孔子怀着无限敬仰的心情，终于找到了子桑雽，将自己的遭遇给他说了一遍，然后问："请您告诉我这是什么原因呢？"

子桑雽说："您难道没听说假国人逃亡的故事吗？有个叫林回的人，他在逃难时丢掉价值千金的璧玉，背着婴儿逃跑。有人说：'说你是为了保住钱财吧，璧玉值得多，婴儿值得少；说你是为了避免累赘吧，婴儿远比璧玉累赘得多。你丢掉价值千金的璧玉，背着婴儿逃跑，这是为什么呢？'林回说：'爱惜璧玉是我与财利的结合，爱护婴儿是我的天性。'凭着财利相结合的，在窘迫祸患的时候便要背弃，靠天性相连结的，在窘迫祸患时候便要相亲。相亲和背弃，差得够远了！君子间的友谊，像水一样清淡；小人间的友谊，像醴一样的甘甜。君子因清淡而亲密，小人因甘甜而断绝。凡是无故结合的，就要无故而分离。"

孔子说："我深受教益了！"于是他轻松而悠闲地回到了自己的住所，停止教学，捐弃书籍，不让弟子们再行揖拜的礼节，但弟子对他敬爱的感情却更为增进了。

◆井底之蛙

jǐng dǐ zhī wā

成语解释：井底下的青蛙只能看到井口那么大的一块天。比喻见识短浅的人。亦作"坎井之蛙"。

成语出处：《庄子·秋水》："井蛙不可以语于海者，拘于虚也。"

成语用法：偏正式；作主语、宾语、定语；含贬义。

成语辨析：井底之蛙和坐井观天，都含有"眼界狭隘；见识短浅"的意思。但井底之蛙比喻眼界狭小的人；坐井观天比喻眼界狭小，所见的不多。

成语示例：我们要多学习，多实践，不要像井底之蛙一样目光短浅，没什么见识。

成语故事

一口废井里住着一只青蛙。有一天，青蛙在井边碰上了一只从海里来的大龟。青蛙就对海龟夸口说："你看，我住在这里多快乐！有时高兴了，就在井栏边跳跃一阵；疲倦了，就回到井里，睡在砖洞边。或者只留出头和嘴巴，安安静静地把全身泡在水里：或者在软绵绵的泥浆里散一回儿步，也很舒适。看看那些虾和蝌蚪，谁也比不上我。而且，我是这个井里的主人，在这井里极自由自在，你为什么不常到井里来游赏呢！"那海龟听了青蛙的话，倒真想进去看看。但它的左脚还没有整个伸进去，右脚就已经绊住了。它连忙后退了两步，把大海的情形告诉青蛙说："你看过海吗？海的广大，哪止千里；海的深度，哪止千丈。古时候，十年有九年大水，海里的水，并不见涨了多少；后来，八年里有七年大旱，海里的水，也不见得浅了多少。可见大海是不受旱涝影响的。住在那样的大海里，才是真的快乐呢！"井蛙听了海龟的一番话，吃惊地呆在那里，再没有话可说了。

◆君子之交

jūn zǐ zhī jiāo

成语解释： 贤者之间的交情，平淡如水，不尚虚华。

成语出处：《庄子·山木》："且君子之交淡若水，小人之交甘若醴；君子淡以亲，小人甘以绝。"

成语用法： 偏正式；作主语、宾语；含褒义。

成语示例： 他们之间哪里是什么君子之交，充其量只能算是一群酒肉朋友。

◆坎井之蛙

kǎn jǐng zhī wā

成语解释： 废井里的青蛙。比喻见识不多的人。

成语出处：《庄子·秋水》："子独不闻夫坎井之蛙乎？谓东海之鳖曰：'吾乐与！'"

成语用法： 偏正式；作宾语。

成语示例： 他见识短浅如坎井之蛙，不足为谋。

◆尻舆神马

kāo yú shén mǎ

成语解释： 尻：屁股。以尻为车而神游。指随心所欲遨游自然。同"尻轮神马"。

成语出处：《庄子·大宗师》："浸假而化予之尻以为轮，以神为马，予因以乘之，岂更驾哉。"

成语用法： 联合式；作宾语。

成语例子： 果痔木痈除物害，尻舆神马得天全。

◆咳唾成珠

ké tuò chéng zhū

成语解释：咳唾：咳嗽吐唾沫，比喻谈吐、议论。"咳"也写作"欬"比喻言辞精当，议论高明，也形容文词极其优美。

成语出处：《庄子·秋水》："子不见夫唾者乎？喷则大者如珠，小者如雾。"

成语用法：联动式；作谓语、宾语。

成语示例：这篇文章立意深刻，咳唾成珠，堪称佳作。

◆空谷足音

kōng gǔ zú yīn

成语解释：谷：山谷。在寂静的山谷中听到脚步声。比喻非常难得的音信或事物。

成语出处：《庄子·徐无鬼》："闻人足音跫然而喜矣。"

成语用法：偏正式；作宾语；形容事物等。

成语辨析：空谷足音和足音跫然，都可比喻极难得的人。但空谷足音还可比喻音讯和言论，而足音跫然仅比喻极难上门的宾客。

成语示例：好久得不到你的音讯，今天你突然造访，使我喜出望外，对我来说，简直算得上是空谷足音。

◆枯鱼涸辙

kū yú hé zhé

成语解释：枯鱼：干鱼；涸辙：干的车辙沟。比喻陷入困境。

成语出处：《庄子·外物》："周昨来，有中道而呼者，周顾视车辙中，有鲋鱼焉。"

成语用法：偏正式；作宾语、定语；比喻陷入困境。

成语示例：他现在已到了枯鱼涸辙的境地，还望大家施以援手，帮帮他吧！

◆款启寡闻

kuǎn qǐ guǎ wén

成语解释：款启：见识狭小。形容学问浅、见闻寡陋。

成语出处：《庄子·达生》："今休，款启寡闻之民也。"

成语用法：联合式；作谓语、定语。

成语示例：刘老真是见多识广，学富五车，在他面前，愈显得自己款启寡闻了。

成语故事

扁子仰天长叹，弟子问道："先生为什么长叹呢？"扁子说："刚才孙休进来，我把道德修养极高的人的德行告诉给他，我真担心他会吃惊以至迷惑更深。"弟子说："不对哩。孙休所说的话是正确的吗？先生所说的话是错误的吗？错误的本来就不可能迷惑正确的。他本来就因迷惑而来请教，又有什么过错呀！"扁子说："不是这样的。从前有只海鸟飞到鲁国都城郊外，鲁国国君很喜欢它，用'太牢'来宴请它，奏'九韶'乐来让它快乐，海鸟竟忧愁悲伤，眼花缭乱，不敢吃喝。这叫做按自己的生活习性来养鸟。假若是按鸟的习性来养鸟，就应当让它栖息于幽深的树林，浮游于大江大湖，让它吃泥鳅和小鱼，这本是极为普通的道理而已。如今的孙休，乃是管窥之见、孤陋寡闻的人，我告诉给他道德修养极高的人的德行，就好像用马车来托载小老鼠，用钟鼓的乐声来取悦小鹌雀一样。他又怎么会不感到吃惊啊！"

◆劳而无功

láo ér wú gōng

成语解释：形容付出了劳动，取不到功效，白白耗费精力。

成语出处：《庄子·天运》："夫水行莫如用舟，而陆行莫如用车。以舟之可行于水也，而求推之于陆，则没世不行寻常。古今非水陆与？周鲁非舟车与？今蕲行周于鲁，是犹推舟于陆也。劳而无功，身必有殃。"

成语用法：紧缩式；作谓语、宾语、定语；含贬义。

成语示例：他不按操作规程办事，生产了废品，不仅劳而无功，还造成了浪费。

成语故事

孔子率领弟子西游卫国，在半路上，遇见了鲁国的太师金。孔子的弟子颜渊问太师金："我们的老师去卫国推行自己的政治主张，你看这次能成功吗？"

太师金听了连连叹气，说："可惜呀！你的先生已经到了山穷水尽的地步啊！"

颜渊问："你为什么这样说呢？"

太师金说："刍狗（祭祀用的以草扎成的小狗）还没有献上祭台时，人们用竹筐盛着，用绣花的毛巾盖着，大家对它毕恭毕敬。等到祭祀完后，人们便不再理它，甚至把它踩在脚下，樵夫干脆把它捡去做柴火。如果这时有人再用竹筐装它，用毛巾盖着，睡在它的旁边，即使不做恶梦，也会觉得讨厌。现在你的老师，就是把别人早已抛弃的刍狗又恭敬起来，而且还招集一帮弟子往来刍狗之旁。你老师的学说主张，就是早被人抛弃讨厌的刍狗，所以你们到哪里都不得志。在宋国，宋人驱逐了你们；在卫国，你们的老师又被囚禁；在陈、蔡，又被围困了七天七夜，差一点饿死，难道这不是恶梦或困扰吗？"

太师金说到这儿，又变了一种口气说："过河最好用船，在路上行走最好用车，如果把船拿到陆地上来推，一辈子也走不多远。古今就如水和陆地，

西周和鲁国不就是船和车吗？现在企求在鲁国实行西周的制度，不就好像推着船在陆地上行走一样，劲没少使，但却劳而无功。所以我说，你老师这次还不会成功。"

听了太师金的话，颜渊什么也没说便走开了。颜回把这事告诉孔子，孔子也深有感触，但还是去了卫国，结果是碰壁而归。

◆累瓦结绳

lěi wǎ jié shéng

成语解释：比喻没有用的言词。

成语出处：《庄子·骈拇》："骈于辩者，累瓦结绳，窜句游心于坚白同异之间，而敝跬誉无用之言词非乎？而杨墨是已。"

成语用法：联合式；作定语。

成语示例：累瓦结绳废话连篇的文章，有什么用呢！

◆离世异俗

lí shì yì sú

成语解释：超脱世俗。

成语出处：《庄子·刻意》："刻意尚行，离世异俗，高论怨诽，为亢而已矣，此山谷之士，非世之人，枯槁赴渊者之所好也。"

成语用法：联合式；作谓语、定语；用于书面语。

成语示例：好心境来自人性的平和与淡泊。要离世异俗，超脱世俗困扰红尘诱惑，有登高临风宠辱皆忘的情怀，平凡中蕴含人生真谛。

◆令人发指

lìng rén fà zhǐ

成语解释：令：使得；发指：头发竖起来。愤怒得使人头发都竖直起来。形容使人极度愤怒。也作"令人发竖"。

成语出处：《庄子·盗跖》："谒者入通，盗跖闻之大怒，目如明星，发上指冠。"

成语用法：兼语式；作谓语、定语；含贬义。

成语示例：渣滓洞中，敌人对共产党员及进步人士的迫害，已经到了令人发指的地步。

> 成语故事

公元前227年，秦国打败赵国迫近燕国。燕国太子丹请荆轲去刺杀秦王。荆轲带上秦王的仇人樊于期的人头及督亢地地图。太子丹把他送到易水边，都穿着白衣，戴着白帽给他送行。到易水上，祭过路神，就要上路。高渐离敲着筑，荆轲和着节拍唱歌，发出徵的声音，众宾客都流着眼泪小声地哭。荆轲又上前作歌唱道："风声萧萧悲鸣啊易水彻骨寒冷，壮士这一离去啊就永远不再回还！"又发出悲壮激昂的羽声。众宾客都睁大了眼睛，头发都向上竖起顶住了帽子。于是荆轲就上车离去，始终不曾回头看一眼。

◆六合之内

liù hé zhī nèi

成语解释：六合：天地及东南西北。指天下。

成语出处：《庄子·齐物论》："六合之外，圣人存而不论；六合之内，圣人论而不存。"

成语用法：偏正式；作宾语。

成语示例：六合之内，三界之中，有珍禽异兽，奇花妙草，世之仅有，令人心生爱怜。

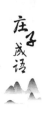

◆六通四辟

liù tōng sì pì

成语解释：指上下四方和春秋四时。

成语出处：《庄子·天道》："明于天，通于圣，六通四辟于帝王之德者，其自为也，昧然无不静者矣。"

成语用法：联合式；作谓语、定语；用于书面语。

成语示例：这个冤狱，恐怕要六通四辟才能昭雪了。

◆鲁莽灭裂

lǔ mǎng miè liè

成语解释：形容行动粗鲁莽撞，做事草率，不负责任。也作"卤莽来裂"。

成语出处：《庄子·则阳》："君为政焉勿卤莽，治民焉勿灭裂。"

成语用法：联合式；作谓语、定语。

成语示例：她的作品，既无鲁莽灭裂之处，也无羁牵冗沓之点，这便是她的长处。

◆履穿踵决

lǔ chuān zhǒng jué

成语解释：鞋子破了，露出脚后跟。形容生活很贫苦。也作"纳屦踵决"。

成语出处：《庄子·让王》："三日不举火，十年不制衣。正冠而缨绝，捉衿而肘见，纳屦而踵决。曳縰而歌商颂，声满天地，若出金石。"

成语用法：联合式；作谓语、定语；用于生活。

成语示例：他们自带伙食，一路翻岭越壑，履穿踵决。

◆轮扁斫轮

lún biǎn zhuó lún

成语解释：轮扁：春秋时齐国有名的造车工人；斫轮：用刀斧砍木制造车轮。指精湛的技艺。

成语出处：《庄子·天道》："桓公读书于堂上，轮扁斫轮于堂下。"

成语用法：主谓式；作宾语、定语。

成语示例：在勤奋学习，大量实践的基础上，他的业务水平已达到游刃有余、轮扁斫轮的境地。

◆满谷满坑

mǎn gǔ mǎn kēng

成语解释：充满了谷，充满了坑。形容数量极多，到处都是。

成语出处：《庄子·天运》："在谷满仓，在坑满坑。"

成语用法：联合式；作状语。

成语示例：又隔三月，网络上有关股市分析和评论的博文满谷满坑，无处不在。

◆芒然自失

máng rán zì shī

成语解释：芒然：模糊不清。若有所失而又不知所以的样子。现在多用作"茫然自失"。

成语出处：《庄子·说剑》："此天子之剑也。文王芒然自失。"

成语用法：偏正式；作谓语、定语。

成语示例：站在人生的十字路口上，过多地瞻前顾后往往会使我们变得芒然自失，迷失了人生真正的方向。

赵文王嗜好击剑，门下聚集了三千多名剑士，日夜在文王面前击剑。虽然每年死伤数百剑客，文王这一嗜好还与日俱增。国势衰了，各诸侯国都打算趁机攻打赵国。赵国的大臣都很着急，但却无人敢出面劝阻。

一天，庄子打扮成一个剑士的模样来见赵文王，见了面也不施礼，文王问："你想用什么来教寡人呢？"庄子道："我听说大王爱好击剑，因此带着剑来见您。"文王非常高兴，于是，文王恭敬地安排庄子住下，他要选出优秀的剑士与庄子比试。经过七天大赛，死伤五六百人，最后选出五六人来。于是，他把庄子请来说："今天让大家领教你的剑术，先生使什么剑？"庄子说："我什么剑都使得，但我有三种剑，天子剑、诸侯剑、庶民剑。"文王问："什么是天子剑？"

庄子说："天子剑用燕谿和石城做锋芒，齐地岱岳做利刃，晋国魏国做脊柱，周国宋国做把柄，韩国、卫国做剑身，四海四时做剑鞘，渤海常山做佩缨。用这种剑能够征服诸侯，统一天下，这就是天子剑。"文王茫然若失，问："什么是诸侯剑？"庄子说："诸侯剑用有智慧有勇气的人做锋芒，清高廉洁的人做利刃，贤良的人做脊柱，忠厚圣明的人做把柄，英雄豪杰做剑身。向上顺应自然规律，向下顺应四时规律，切中百姓利益来使四乡百姓安定。这剑一用，四境之内，没有不诚心服从您的命令的。这就是诸侯剑。"文王又问："那什么是庶人剑？"庄子说："庶人剑是那些蓬头垢面，服装奇怪的剑士们的剑。这种剑充其量也不过上能砍掉头颅，下能刺破肝肺罢了。这就是庶人剑。以上三种剑大王您用哪种？"文王拉着庄子的手走上大殿，命人摆下丰盛的食品，招待庄子。自此以后，文王放弃了击剑的嗜好，赵国也渐渐地强大了起来。

◆每况愈下

měi kuàng yù xià

成语解释：原意指愈是下部愈能真正反映出猪的肥瘦，愈是从低微的事物上推求，愈能看出事物的真相。现表示情况越来越坏，形容走下坡路。

成语出处：《庄子·知北游》："正获之问于监市履稀也，每下愈况。"

成语用法：复杂式；作谓语、定语、状语。

成语示例：爷爷最近的健康情形每况愈下，让家人忧心不已。

成语故事

庄子的学术天下播传，一个叫东郭子的人很不服气，便想责难庄子一番。

一天，东郭子找到庄子说："你说的道玄而又玄，究竟道在哪里呢？"庄子见他一副傲慢的样子便说："无处不在。"东郭子说："您能不能指出道存在的具体地方呢？"庄子说："在蝼蛄里面。"东郭子说："怎么这么低下了呢？"庄子说："在砖瓦里面。"东郭子说："怎么低下得更厉害了呢？"庄子说："在屎尿里！"东郭子不再作声。

庄子见他默不作声，便对他说："先生的提问本来就没有接触实质。正像检验猪的肥瘦，踩猪时越往下踩，越容易知道猪的肥瘦。希望你不要先确定道在何方，其实万物都不能离开道。"

庄子又说："以大道来观看万物，万物没有贵贱。蝼蚁、砖瓦、屎尿都是一样的。它们如果不能合乎道，就根本不能存在，所以我说道无所不在。尽管万物各异，但它们的生存都合乎道，正像周、遍、咸三者，说法不同而实质是一样的。"

东郭子傲气少了一些，又问："怎样才能了解道的奥妙呢？"

庄子说："你和我到什么也没有的地方去游玩，持同合万物的理论，自然会认识到道是无有穷尽的。如果你与我一起施行无为，就会感到淡泊而宁静，寂寞而清虚，调和而安闲了。心志寂寥了，无处不去却不知到哪里去。去了又回来，不知在哪里停止。我们来来往往，而不知终止。翱翔在虚无寥廓的

境界，可以放任无穷。这不是道的奥妙吗？你看成物的道和物在一起不见界限，无高低贵贱之分。道使物有盈虚、始终、聚散而自身却没有盈虚、始终、聚散，这不是道的奥妙吗？"

东郭子听完庄子一席话，来时的傲气一点也没有了，他觉得自己在庄子跟前太渺小了。

◆莫逆之交

mò nì zhī jiāo

成语解释：逆：违背，抵触；交：交情，友谊。指情意投合，极其要好的朋友。

成语出处：《庄子·大宗师》："四人相视而笑，莫逆于心，遂相与为友。"

成语用法：偏正式；作宾语；含褒义。

成语辨析：莫逆之交与生死之交有别：莫逆之交强调思想一致，情感笃深。生死之交强调同生死共命运。

成语示例：我们彼此才认识，只是泛泛而谈，不可能一下子就成为莫逆之交。

成语故事

战国时期，有四个怪人，他们的名字叫：子祀、子舆、子犁、子来，主张万事万物顺其自然，认为天地间"无"最崇高。一天，四人聚在一起讨论起"无"的崇高和伟大，一致认为"无"就像人头一样，起着至关重要的作用，四人言谈一致，见解相同，心心相印，于是就结成了朋友。

过了一些时候，子舆生了病，子祀去探望他，见子舆病得弯腰驼背，五脏的脉管朝上，面颊藏在肚脐下，肩膀高过头顶，颈椎直指天空，阴阳二气错乱不和，但他却没有一点痛苦的表情。子舆见朋友来看望他，若无其事地说："上天真伟大呀，竟然把我变成了这个样子。"子祀问他："你病成这个样子，一点也不忧虑吗？"子舆说："我干嘛要忧虑呢？得生是时机，死去是顺应，安于时机而顺应变化，就不会受哀乐之情的影响。"

不久，子来生了病，眼看就要死去，子犁前去探望，见子犁的妻子悲伤地啼哭，就对子来说："你的妻子真不懂事，伟大的造物主正在改变你，怎么能随便啼哭呢？"子来听后感激地说："你说得太好了，天地是一个熔炉，阴阳是一个伟大的铁匠，我现在正在被铸造着，怎么能表示出痛苦呢？"

◆目大不睹

mù dà bù dǔ

成语解释：睹：看。眼睛很大却看不见东西。形容徒具形式。

成语出处：《庄子·山木》："此何鸟哉？翼殷不逝，目大不睹，褰裳躩步，执弹而留之。"

成语用法：紧缩式；作谓语、定语。

成语示例：对于工作中存在的问题，大家要认真整改，切忌目大不睹，流于形式。

◆目击道存

mù jī dào cún

成语解释：意思是形容悟性好。

成语出处：《庄子·田子方》"仲尼曰：'若夫人者，目击而道存矣，亦不可以容声矣。'"

成语用法：紧缩式；作谓语、定语；用于书面语。

成语示例：他天资聪颖，只看师父做了一遍，便目击道存般的能自己操作了。

　　温伯雪子到齐国去，途中在鲁国歇宿。鲁国有人请求拜会他，温伯雪子说："不行。我听说中原国家的读书人，明瞭礼义却不善解人心，我不想见他们"。去到齐国，返回途中又在鲁国歇足，这些人又请求会见。温伯雪子说："先前要求会见我，如今又要求会见我，这些人一定是有什么可以打动我的。"温伯雪子于是出来接见了这些客人，可是回到屋里就叹息不已。第二天再次会见这些客人，回到屋里又再次叹息不已。他的仆从问道："每次会见这些客人，必定回到屋里就叹息不已，这是为什么呢？"温伯雪子说："我原先就告诉过你："中原国家的人，明瞭礼义却不善解人心。前几天会见我的那些人。进退全都那么循规蹈矩，动容却又全都如龙似虎，他们劝告我时那样子就像是个儿子，他们开导我时那样子又像是个父亲，因此我总是叹息不已。"孔子见到温伯雪子时却一言不发。子路问："先生一心想会见温伯雪子已经很久很久了，可是见到了他却一句话也不说，为什么呢？"孔子说："像他那样的人，目光方才投出大道就已经在那里存留，也就无须再用言语了。"

◆目无全牛

mù wú quán niú

　　成语解释：比喻技艺熟练到了得心应手的境界。

　　成语出处：《庄子·养生主》："始臣之解牛之时，所见无非牛者；三年之后，未尝见全牛也。"

　　成语用法：主谓式；作谓语、定语。

　　成语示例：他对这项工作掌握熟练，已经达到了目无全牛的境界。

　　成语故事

　　有一次，庖丁为梁惠王表演宰牛的技巧，只见他手拿一把尖刀，眼不看牛而又不假思索地进行宰割。皮和骨分离的声音随刀而响，他把刀向牛推进的时候，发出更大的声响。总之，他的动作合乎舞蹈的节拍旋律。他操刀时发出的各种声音，像音乐那样有节奏。没有多久，牛就被肢解开了。梁惠王赞叹道："你的技术为什么能如此高明？"庖丁放下刀回答说："我之所以能在较短的时间内熟练地把这头牛解开，是因为我所崇尚的是一种高深的修养，并且已经超过普通的技术阶段了。开始解牛的时候，我看到的是整头牛，不知道刀子从哪里插进去。过了几年，就看不见整个的牛了。"梁惠王问："看不到整个的牛，不是更不知道刀子从哪里插进去了吗？"庖丁摇头说："不是的，我的意思是说，这时我对牛的全身何处有空隙、哪里有筋骨掌握得清清楚楚，所以看上去不是整头牛而是它可以解开的许多部分。宰割时，我通过神情跟牛接触，没必要用眼睛去看，因为我知道什么地方可以下刀，我按照牛的各部分结构，砍开牛体内筋骨相连的空隙之处，再顺着它骨节间的空隙，按照它本来的结构去行事，像上面说的这些小的障碍都没有触及到，何况大的骨头呢？"接着梁惠王又听庖丁讲了怎样用刀和换刀的学问。听完后，梁惠王慷慨地说："现在我懂得目无全牛的道理了。"

◆木鸡养到

mù jī yǎng dào

成语解释：木鸡：善斗的鸡，看上去像木头一样呆板。形容人学养深粹或功夫已到炉火纯青的地步。

成语出处：《庄子·达生》："几矣。鸡虽有鸣者，已无变矣，望之似木鸡矣，其德全矣；异鸡无敢应者，反走矣。"

成语用法：主谓式；作宾语，状语。

成语示例：这两门功夫皆是旷世武学，早已被李重生修炼得木鸡养到，登峰造极，多年之前便享有"武功天下第一"了。

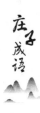

◆木雁之间

mù yàn zhī jiān

成语解释：指处于有用和无用之间。比喻才能或水平中等。

成语出处：《庄子·山木》："昨日山中之木不材得终其天年，今主人之雁以不材死，先生将何处？"

成语用法：偏正式；作宾语、定语；用于比喻句。

成语示例：他在这个岗位上几十年，虽然业绩不算突出，但也还能胜任，只是木雁之间罢了。

成语故事

庄子在山中行走，看见一棵很大的树，枝叶非常茂盛。伐木的人停在树旁却不去砍它。庄子问他是什么原因，他回答说："没有用处。"庄子感叹说："这棵树因为它没有用处而得以享其自然的寿命！"庄子从山中出来，到老朋友家去投宿，朋友很高兴，叫童仆杀一只鹅请他吃。童仆问道："其中一只鹅会叫更，一只鹅不会叫更，请问杀哪一只？"主人说："杀不会叫更的。"

第二天，学生问庄子说："昨天山上的树木，因为没有用，所以能享受自然的寿命；现在主人的鹅，却因为没有用而被杀死。请问先生如何才好呢？"庄子笑着说："我将处于'材'与'不材'之间。可是'材'与'不材'之间，似乎是妥当的，其实也不尽然，这样还是不能免于累患。如果能顺乎自然大道也就不会有累患了，只有自然无为的境界才是最美好的。"

◆南面称孤

nán miàn chēng gū

成语解释：南面：面朝南；孤：皇帝、王侯的谦称。朝南坐着，自称孤家。指统治一方，称帝称王。

成语出处：《庄子·盗跖》："凡人有此一德者，足以南面称孤矣。"

成语用法：偏正式；作谓语、定语、宾语。

成语示例：将军您不如率兵掉转回头，与诸侯联合，订立和约一起攻秦，共分秦地，各自为王，南面称孤，这跟身受刑诛，妻儿被杀相比，哪个上算呢？

◆内圣外王

nèi shèng wài wàng

成语解释：指一方面具有圣人的才德，一方面又能施行王道。这是道家的政治思想，也是古代修身为政的最高理想。

成语出处：《庄子·天下》："是故内圣外王之道，暗而不明，郁而不发，天下之人，各为其所欲焉，以自为方。"

成语用法：联合式；作宾语、定语。

成语示例：传统的圣人观是内圣外王、自然与名教兼至的天纵之才。

成语故事

接舆虽被称为楚国的"狂人""疯子"，但他却是一个得道的高人。肩吾非常崇拜他，于是专程拜访接舆。

肩吾见了楚狂接舆，接舆问他说："近来中始对你说些什么？"

肩吾道："他告诉我说做人君的，凭己意立定法度，宣布施行，哪个敢不听从而为其所化呢？"

接舆叹道："这种以己制物的办法，简直是欺诳之德啊！如用这种手段去治理天下，那好比涉海凿河，使蚊虫负山，是同样不能胜任的。这立法创制，不过是治标治外的一种办法。"

肩吾问："圣人治理天下是这样的吗？"

接舆说："圣人之治天下，必先自正性命之理，然后可以行化，这即是所谓尽己之性，以尽人之性，以尽物之性的道理，简要地说，圣人之治，是决不肯强人所难的。试想，百鸟尚且知道高飞，以避网罗箭射之害；鼷鼠亦

知深藏在社坛底下，以避火熏水灌之患；人们自然更知道求生免祸，何至于连这鸟鼠也不如，甘受宰制者的欺骗呢？"

肩吾听了楚狂接舆讲的一番话，似乎懂得了治理天下应该"正己以正百物"和"由内圣而发为外王"的道理。

◆能者多劳

néng zhě duō láo

成语解释：能干的人多干事，多受劳累。用于赞誉人。

成语出处：《庄子·列御寇》："巧者劳而智者忧，无能者无所求。"

成语用法：主谓式；作谓语、宾语。

成语示例：张老师是班主任，兼任教研组长，又是校工会副主席，这是能者多劳呀。

◆溺心灭质

nì xīn miè zhì

成语解释：指湮没天然的心性，掩盖纯朴的本质。指伪装自己。

成语出处：《庄子·缮性》："文灭质，博溺心。"

成语用法：联合式；作谓语、定语。

成语示例：仆之驰骛于博杂也久矣。近稍知向里，自悟溺心灭质之为病。乃欲发愤而刊落之，然亦自悔其岁月之晚矣。

◆庖丁解牛

páo dīng jiě niú

成语解释：庖丁：厨师。厨师解割了全牛。比喻掌握了解事物客观规律的人，技术纯熟神妙，做事得心应手。

成语出处：《庄子·养生主》："庖丁为文惠君解牛，手之所触……"

成语用法：主谓式；作宾语、定语；含褒义，常与"游刃有余"连用。

成语示例：我们这位老教授一走上讲台，便如庖丁解牛，游刃有余。

◆鹏程万里

péng chéng wàn lǐ

成语解释：鹏：指传说中的大鸟；能飞行万里；程：里程。大鸟飞行的路程万里之遥，比喻前程远大。

成语出处：《庄子·逍遥游》："鹏之徙于南冥也，水击三千里，抟扶摇而上者九万里。"

成语用法：主谓式；作谓语、宾语；含褒义。

成语示例：当代的年轻人只有掌握了科学技术，才能够展翅高飞，鹏程万里。

成语故事

相传远古的时候，在遥远的北方有个无边无际的大海，人们都把它叫作"北冥"。海里有一条非常大的鱼，它的名字叫鲲，身子大到不知有几千里，它在海里来回游动，卷起层层巨浪。后来，这条大鲲鱼变成了一只大鹏鸟。这只鹏鸟其大无比，它的脊背好似巍峨的山丘，展开双翅，就像悬挂在天边的白云。它平时栖息在北山之上，等到六月间海上羊角旋风刮来时，它便用力扇动翅膀，结聚风力，借着旋转的风势盘旋上升，两个翅膀激起的水花有三千里远，向上一冲，便冲上九万里的高空，穿云破雾，背负青天，一声长鸣，

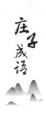

向遥远的南方飞去。那里也是大海，海水浩茫与天相接，人们叫它为"南冥"，又叫"天池"。

后来，人们就根据这个故事，编了一句成语"鹏程万里"，用来比喻前程非常远大。

◆批隙导窾

pī xì dǎo kuǎn

成语解释：批：击，刺入；隙：空隙；窾：骨节空处。从骨头接合处批开，无骨处则就势分解。比喻善于从关键处入手，顺利解决问题。亦作"批隙导窾"。

成语出处：《庄子·养生主》："批大郤，导大窾，因其固然。"

成语用法：联动式，作谓语、宾语。

成语示例：师兄批隙导窾，一下就抓住了问题的关键所在，看来我们找对人了。

◆飘瓦虚舟

piāo wǎ xū zhōu

成语解释：比喻凭空加害于人而又无从追究的事物。

成语出处：《庄子·达生》："虽有忮心者不怨飘瓦。"《庄子·山木》："方舟而济于河，有虚船来触舟，虽有惼心之人不怒。"

成语用法：联合式；作谓语、宾语。

成语示例：你做的这些飘瓦虚舟、无良害人的事情，就不怕遭天遣吗？

◆贫无置锥

pín wú zhì zhuī

成语解释：穷得连插下锥子那样小的地方都没有。形容十分贫穷。

成语出处：《庄子·盗跖》："尧舜有天下，子孙无置锥之地。"

成语用法：偏正式；作谓语、定语。

成语示例：回想那段贫无置锥、仰人鼻息的日子，使我更加珍惜今天的一切。

◆骐骥过隙

qí jì guò xì

成语解释：形容时间过得飞快。同"白驹过隙"。

成语出处：《庄子·知北游》"人生天地之间，若白驹之过郤，忽然而已。"

成语用法：主谓式；作宾语。

成语示例：时间竟如骐骥过隙，当年青春容貌，今日已成鹤发苍颜。

◆巧言偏辞

qiǎo yán piān cí

成语解释：巧言：浮华不实的话；偏辞：便巧的话。指花言巧语。

成语出处：《庄子·人间世》："言者，风波也；行者，实丧也。夫风波易以动，实丧易以危。故忿设无由，巧言偏辞。"

成语用法：联合式；作宾语、定语。

成语示例：我最厌恶那些巧言偏辞，表里不一的人。

◆钳口不言

qián kǒu bù yán

成语解释：钳口：闭口。闭着嘴不说话。

成语出处：《庄子·田子方》："吾形解而不欲动，口钳而不欲言，吾所学者，直土梗耳！"

成语用法：联合式；作谓语、定语。

成语示例：在事实面前，小王也钳口不言了。

成语故事

田子方陪坐在魏文侯身旁，多次称赞谿工。文侯说："谿工，是你的老师吗？"田子方说："不是老师，是我的邻里；他的言论谈吐总是十分中肯恰当，所以我称赞他。"文侯说："那你没有老师吗？"子方说："有"。文侯说："你的老师是谁呢？"田子方说："东郭顺子。"文侯说："那么先生为什么不曾称赞过他呢？"田子方回答："他的为人十分真朴，相貌跟普通人一样而内心却合于自然，顺应外在事物而且能保持固有的真性，心境清虚宁寂而且能包容外物。外界事物不能合符'道'，便严肃指出使之醒悟，从而使人的邪恶之念自然消除。我做学生的能够用什么言辞去称赞老师呢？"

田子方走了出来，魏文侯若有所失地整天不说话，召来在跟前侍立的近臣对他们说："实在是深不可测呀，德行完备的君子！起初我总认为圣智的言论和仁义的品行算是最为高尚的了，如今我听说了田子方老师的情况，我真是身形怠堕而不知道该做什么，嘴巴像被钳住一样而不能说些什么。我过去所学到的不过都是些泥塑偶像，毫无真实价值的东西，至于魏国也只是我的拖累罢了！"

◆千变万化

qiān biàn wàn huà

成语解释：形容变化非常多，没有穷尽。

成语出处：《庄子·田子方》："独有一丈夫，儒服而立乎公门。公即召而问以国事，千变万化而不穷。"

成语用法：联合式；作谓语、定语；用于景物。

成语辨析：千变万化和变化多端都可形容变化很多、很大，但千变万化偏重于变化的次数极多；而变化多端偏重变化多而没有头绪、规律。

成语示例：世界上的万事万物虽然千变万化，但都有它的规律可循。

成语故事

一天，周穆王从昆山返回合山，途中听说有个叫偃师的人手艺精巧，制作的动物能叫会跑。他有些不大相信，立即召见偃师，问："听说你能造出各种精巧的玩意，拿出一件，让我看看。"

第二天，偃师带上木头雕成的假人拜见穆王。穆王看这些假人的五官齐全，眉毛胡子像真人一模一样，觉得很吃惊。

穆王问偃师："你雕的这些人都能动吗？

偃师说："不但能动，而且能唱歌，跳舞。就像真人一样。"

穆王说："让他们表演起来，我看比真人差多少。"

偃师用鼓声指挥木头人开始动作。木头人按着鼓声的节奏，摆开阵势，进行攻守，但见木头人手执刀枪剑棍攻杀、防守，进退有序，一会儿排成一字长蛇阵，忽然又变成十面埋伏，继而化作九宫八卦阵、六花阵、七星阵、八门阵，阵势千变万化，把穆王看得眼花缭乱，非常高兴。

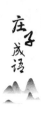

◆千金之家

qiān jīn zhī jiā

成语解释：指富豪之家。

成语出处：《庄子·列御寇》："朱泙漫学屠龙于支离益，单千金之家，三年技成而无所用其巧。"

成语用法：偏正式；作主语、宾语；指富贵之家。

成语示例：在相对优越的地理条件下，人们养成懒散的惰性，不尚财，不重财富积累，故"江淮以南，无冻饿之人，亦无千金之家"。

◆褰裳躩步

qiān cháng jué bù

成语解释：褰：把衣服提起来；躩步：快步疾走。意思是提着衣服小心地快步疾走，形容谨慎而匆忙的样子。

成语出处：《庄子·山木》："庄周曰：'此何鸟哉，翼殷不逝，目不大睹？褰裳躩步，执弹而留之。'"

成语用法：偏正式；作宾语、定语、状语。

成语示例：他褰裳躩步地来到红衣人面前，深施一礼。

◆牵衣肘见

qiān yī zhǒu jiàn

成语解释：谓牵动一下衣襟，就露出臂肘。形容衣不蔽体。

成语出处：《庄子·让王》："曾子居卫……三日不举火，十年不制衣，正冠而绝缨，捉衿而肘见，纳屦而踵决。"

成语用法：联动式；作定语、状语；形容贫穷。

成语示例：他已极为牵衣肘见，除了那念珠便别无他物，想来他袋子中也没有多少东西。

◆强凫变鹤

qiáng fú biàn hè

成语解释：谓硬把野鸭变作仙鹤。喻滥竽充数，徒多无益。

成语出处：《庄子·骈拇》："凫胫虽短，续之则忧；鹤胫虽长，断之则悲。"

成语用法：动宾式；作谓语、定语、宾语；用于处事。

成语示例：我们不仅要注重产量的增长，更要严把质量关，杜绝以次充好，强凫变鹤，危害企业的声誉。

◆窃钩窃国

qiè gōu qiè guó

成语解释：偷钩的要处死，篡夺政权的人反倒成为诸侯。旧时用以讽刺法律的虚伪和不合理。

成语出处：《庄子·胠箧》："彼窃钩者诛，窃国者为诸侯；诸侯之门而仁义存焉。"

成语用法：联合式；作宾语、定语。

成语示例：汉末的豪强们作恶多端，可是常常官运亨通，窃钩窃国，王法又几时制裁到这些人头上？

◆青黄沟木

qīng huáng gōu mù

成语解释：比喻无心仕途。

成语出处：《庄子·天地》："百年之木，破为牺尊，青黄而文之，其断在沟中。比牺尊于沟中之断，则美恶有间矣，其于失性一也。"

成语用法：偏正式；作宾语。

成语示例：他已年近半百，身体又多病，前些年的热情也已消减，渐生青黄沟木之心了。

◆跫响空谷

qióng xiǎng kōng gǔ

成语解释：空谷中的行人之声。常比喻难得的音信、言论等。比喻难得的东西。

成语出处：《庄子·徐无鬼》："夫逃虚空者，藜藋柱乎鼪鼬之径，踉位其空，闻人足音跫然而喜矣。"

成语用法：紧缩式；作宾语、定语。

成语示例：她这番话犹如跫响空谷，立时就起了作用。

◆秋豪之末

qiū háo zhī mò

成语解释：比喻极微小的东西或极细微的地方。同"秋毫之末"。

成语出处：《庄子·齐物论》："天下莫大于秋豪之末，而太山为小。"

成语用法：偏正式；作宾语；用于书面语。

成语示例：我以天地为大，秋毫之末为小，可以吗？

◆求马唐肆

qiú mǎ táng sì

成语解释：唐：原指无壁之屋，引伸为空的；肆：铺子，这里指卖马的地方。到空无所有的市集去买马。比喻求非所求，必无所获，比喻无的放矢，白费工夫。

成语出处：《庄子·田子方》："彼已尽矣，而女求之以为有，是求马于唐肆也。"

成语用法：紧缩式；作宾语、定语。

成语示例：那时我还小，找不到工作，求马唐肆，终无所获，是靠江边打鱼的接济才勉强活了下来。

◆人人得而诛之

rén rén dé ér zhū zhī

成语解释：得：可以，能够；诛：杀死。所有的人都可以杀死他，极言某人罪大恶极。

成语出处：《庄子·庚桑楚》："为不善乎显明之中者，人得而诛之。"

成语用法：复句式；作宾语、定语；用于书面语。

成语示例：对于误民误国、卖国求荣的国贼，人人得而诛之，以谢天下。

◆如蚁附膻

rú yǐ fù shān

成语解释：附：趋附；膻：羊肉的气味。象蚂蚁趋附羊肉一般。比喻许多臭味相投的人聚集在一起，趋附于权威、追名逐利的龌龊行为。也比喻许多人依附于有钱有势的人。也作"群蚁附膻""如蚁慕膻"。

成语出处：《庄子·徐无鬼》："羊肉不慕蚁，蚁慕羊肉。羊肉，膻也。"

成语用法：主谓式；作谓语、补语；含贬义。

成语示例：他们只是如蚁附膻地看到了利处，却没有看到弊处。

◆乳间股脚

rǔ jiān gǔ jiǎo

成语解释：比喻自以为安全的处所。

成语出处：《庄子·徐无鬼》："奎蹄曲隈，乳间股脚，自以为安室利处。"

成语用法：联合式；作宾语、定语。

成语示例：他搬到这里以后，感觉处于乳间股脚，可以高枕无忧了。

◆三皇五帝

sān huáng wǔ dì

成语解释：中国遥远古代传说中的远古帝王。三皇指燧人、伏羲、神农；五帝指黄帝、颛顼、帝喾、唐尧、虞舜。

成语出处：《庄子·天运》："故夫三皇五帝之礼法度，不矜于同而预于治。"

成语用法：联合式；作主语、定语；指遥远的古代。

成语示例：从三皇五帝到今天，我们中华民族一直在神州大地上勤劳地创造着新生活。

◆三徙成都

sān xǐ chéng dōu

成语解释：相传舜三度迁移，百姓慕德而从，所到之处自成都邑。形容圣人到处都受到百姓的拥戴。

成语出处：《庄子·徐无鬼》："舜有膻行，百姓悦之，故三徙成都，至邓之虚，而有十万家。"

成语用法：紧缩式；作宾语、定语；用于书面语。

成语示例：历史上凡是圣人，都有以天下为己任的胸怀，使人民拥戴，就像舜一样三徙成都而成就大事。

> ### 成语故事
>
> 相传，舜在没有成为首领前，一心为公，受到百姓的爱戴。他第一次搬迁时，跟随他走的人有一个邑，第二次搬迁时，跟随他走的人有一个都城那么多，到第三次搬迁时，足有一个国家那么多。后来他被尧推举为继承人。

◆桑枢瓮牖

sāng shū wèng yǒu

成语解释：以桑木为门轴，以破瓮为窗口。形容贫寒之家。

成语出处：《庄子·让王》："原宪居鲁，环堵之室，茨以生草，蓬户不完，桑以为枢而瓮牖，二室，褐以为塞。"

成语用法：联合式；作宾语，定语。

成语示例：村民的居住条件大有改观，连过去桑枢瓮牖的人家也住上了砖瓦房。

◆上漏下湿

shàng lòu xià shī

成语解释：上：指屋顶；下：指地面。形容房屋破旧，不能蔽风雨。

成语出处：《庄子·让王》："上漏下湿，匡坐而弦歌。"

成语用法：联合式；作谓语、定语；含贬义。

成语示例：他们原来的破茅房，一下雨就上漏下湿。

◆山木自寇

shān mù zì kòu

成语解释：山上的树木，因长成有用之材，而被人砍伐。比喻因有用而不免于祸。

成语出处：《庄子·人世间》："山木自寇也，膏火自煎也。"

成语用法：主谓式；作定语。

成语示例：老王为了避免落到山木自寇的下场，行事总是十分低调。

◆善刀而藏

shàn dāo ér cáng

成语解释：善：拭；善刀：把刀擦干净。将刀擦净，收藏起来。比喻适可而止，自敛其才。

成语出处：《庄子·养生主》："提刀而立，为之四顾，为之踌躇满志，善刀而藏之。"

成语用法：偏正式；作谓语、宾语；用于劝诫人。

成语示例：想要好好活在这个世上，就要学会善刀而藏，收住自己的獠牙，无时无刻不让自己处在警备的状态，减少自己暴露弱点的几率。

◆善始善终

shàn shǐ shàn zhōng

成语解释：做事情有好的开头，也有好的结束。

成语出处：《庄子·大宗师》："善夭善老，善始善终。"

成语用法：联合式；作谓语、定语。

成语辨析：善始善终和有始有终都表示"坚持始终"的意思。但善始善终表示开始和结局都好；而有始有终仅表示有开端和结束；不反映好坏的程度。

成语示例：做一件事要善始善终，不能虎头蛇尾，草率收兵。

┌─ **成语故事** ─┐

战国初期，楚王命叶公子高出使齐国。叶公子高向孔子请教说："楚王赋予我的使命很重大，我听说齐国对待外来使者一贯是表面恭敬而内心怠慢，凭我的能力连一个普通人都难以感化，何况是诸侯！对此，我很害怕。"孔子说："事情不论大小，达到双方都满意而成功的很少。那些以技巧角力的人，开始时明来明去，最后就使起阴谋来了。以礼饮酒的人，开始的时候规规矩矩，最后就沉醉昏乱，放荡狂欢了。任何事情都是这样，起初彼此谅解，最后互相欺诈。开始的时候很简单，到后来就变得复杂艰巨了，很难善始善终。既然大王命你出使齐国，你一不要改变所受的命令，二不要过分苛求事情的成功，最好的办法是顺其自然去行事。"

根据这个故事，引申出"善始善终"这则成语，比喻做一件事情既有好的开头，又有好的结尾。

◆善游忘水

shàn yóu wàng shuǐ

成语解释：善于游泳的人，忘记了水的存在。比喻技艺高超，从容自得，不为外物所累。

成语出处：《庄子·达生》："仲尼曰：'善游者数能，忘水也。若乃夫没人之未尝见舟而便操之也，彼视渊若陵，视舟之覆犹其车却也。'"

成语用法：主谓式；作定语、状语。

成语示例：他的技艺已炉火纯青，达到了善游忘水的境界。

成语故事

颜渊问孔子说："我曾经在觞深过渡，摆渡人驾船的技巧实在神妙。我问他：'驾船可以学习吗？'摆渡人说：'可以的。善于游泳的人很快就能驾船。假如是善于潜水的人，那他不曾见到船也会熟练地驾驶船。'我进而问他怎样学习驾船而他却不再回答我。请问他的话说的是什么意思呢？"孔子回答说："善于游泳的人很快就能学会驾船，这是因为他们习以成性，适应于水而处之自然。至于那善于潜水的人不曾见到过船就能熟练地驾驶船，是因为他们眼里的深渊就像是陆地上的小丘，看待船翻犹如车子倒退一样。船的覆没和车的倒退以及各种景象展现在他们眼前却都不能扰乱他们的内心，他们到哪里不从容自得！"

◆少私寡欲

shǎo sī guǎ yù

成语解释: 寡:少;欲:欲望。指个人的欲望很少。

成语出处:《庄子·山木》:"南越有邑焉,名为建德之国,其民愚而朴,少私而寡欲,知作而不知藏。"

成语用法: 联合式;作谓语、宾语。

成语示例: 苦行的生活我们确实难以效仿,但少私寡欲、适度消费则是我们能够做到而且应该做到的。

成语故事

有一次,市南宜僚拜见鲁侯,鲁侯忧心忡忡地说:"我学习先王之道,继承先君的事业,尊重贤能,身体力行,丝毫不敢懈怠,然而还是不能免于祸患,这是什么原因呢?"市南宜僚说:"皮毛丰厚的狐狸和豹子栖息隐伏在密林山洞中,十分警惕,然而还是难免遭受被罗网机关捕杀之祸。它们有什么过失吗?没有。遭受灾祸的原因是因为它们身上那层珍贵的皮毛。现在您所居的鲁国君位不正是给您带来灾祸的'皮毛'吗?我听说南越有一处都邑,名叫建德国,那里的人民愚陋淳朴,少私寡欲,超然于尘世之外,逍遥于清静无为,所以他们只有快乐,没有灾祸。"

◆舍策追羊

shě cè zhuī yáng

成语解释: 策:书策。放下手中书本去寻找丢失的羊。比喻发生错误以后,设法补救。

成语出处:《庄子·骈拇》:"臧与穀二人相与牧羊,而俱亡其羊。问臧奚事,则挟筴(cè)读书;问穀奚事,则博塞以游。二人者,事业不同,其与亡羊均也。"

成语用法：联动式；作宾语、定语。

成语示例：这件事你虽然有失误，但只要你认识到错误，努力改正，舍策追羊，还是可以挽回的。

◆色若死灰

sè ruò sǐ huī

成语解释：面目惨白。原比喻面部没有什么表情，现形容十分害怕的神情。

成语出处：《庄子·盗跖》："孔子再拜趋走，出门上车，执辔三失，目茫然无见，色若死灰。"

成语用法：主谓式；作状语；含贬义。

成语示例：他的情绪波动越来越大，色若死灰的脸上看不出一丝神采。

◆深矉蹙頞

shēn pín cù è

成语解释：矉，同"颦"；頞，鼻梁。指愁苦貌。

成语出处：《庄子·至乐》："髑髅深矉蹙頞曰：'吾安能弃南面王乐而复为人间之劳乎！'"

成语用法：联合式；作定语。

成语示例：看着他深矉蹙頞的样子，你还是去开导他一下吧！

◆绳墨之言

shéng mò zhī yán

成语解释：可以作为准绳、合乎道德圣智的言论。

成语出处：《庄子·人间世》："名闻不争，未达人心，而强以仁义绳墨之言术暴人之前者，是以人恶有其美也，命之曰菑人。"

成语用法：偏正式；作宾语；用于书面语。

成语示例：常法于泥与不泥之间，山川意趣，在似与不似之间，不拘绳墨之言，以形写意，意存笔先，画尽意在，笔意俱在，创新始出。

◆尸居龙见

shī jū lóng xiàn

成语解释：居：静居；见：出现。静如尸而动如龙。

成语出处：《庄子·在宥》："故君子苟能无解其五藏，无擢其聪明，尸居而龙见，渊默而雷声。"

成语用法：联合式；作谓语、定语；指动态和静态。

成语示例：静如处子，动若矫兔，尸居龙见，颇具大将之风。

◆诗书发冢

shī shū fà zhǒng

成语解释：比喻口是心非、言行不一的伪君子作风。

成语出处：《庄子·外物》："儒以诗礼发冢。"

成语用法：联合式；作谓语、定语；含贬义。

成语示例：别看他外表忠厚诚恳，实际上却是一个诗书发冢、口是心非的伪君子。

◆失之交臂

shī zhī jiāo bì

成语解释：交臂：胳膊碰胳膊。指双方擦肩而过。形容当面错过机会。

成语出处：《庄子·田子方》："吾终身与汝交一臂而失之。"

成语用法：补充式；作谓语。

成语示例：好事多磨，不能因为与成功一时的失之交臂，就自暴自弃！加油！

◆食不果腹

shí bù guǒ fù

成语解释：果：充实。吃不饱肚子。形容生活艰难。

成语出处：《庄子·逍遥游》："适莽苍者，三餐而反，腹犹果然。"

成语用法：主谓式；作谓语、定语。

成语示例：中华人民共和国成立前，劳动人民终年辛勤劳作，但仍然过着衣不蔽体，食不果腹的生活。

◆十日并出

shí rì bìng chū

成语解释：古代神话传说天本有十个同时出现的太阳。比喻暴乱并起。

成语出处：《庄子·齐物论》："昔者十日并出，万物皆照，而况德之进乎日者乎！"

成语用法：主谓式；作宾语、定语。

成语示例：太古时期，天地混沌，十日并出，荼毒生灵。

◆ **使蚊负山**

shǐ wén fù shān

成语解释：使：派，令；负：背。派蚊子去背山。比喻力不胜任。

成语出处：《庄子·应帝王》："其于治天下也，犹涉海凿河，而使蚊负山也。"

成语用法：主谓式；作宾语。

成语示例：这个决定让人感到不可思议，这不是使蚊负山，使羊将虎吗?

◆ **视而不见**

shì ér bù jiàn

成语解释：指不注意，不重视，睁着眼却没看见。也指不理睬，看见了当没看见。

成语出处：《庄子·知北游》："终日视之而不见，听之而不闻，搏之而不得也。"

成语用法：紧缩式；作谓语、定语；含贬义。

成语辨析：视而不见和熟视无睹，都有"看见就像没看见一样"的意思。但视而不见偏重在"不注意、不用心"，看到了只当没看见，或装作没看见；熟视无睹偏重在"漫不经心"，不放在心上。两者常可通用。

成语示例：对于危害人民生命财产的坏人、坏事，我们绝不能视而不见。

◆ **视为畏途**

shì wéi wèi tú

成语解释：畏途：危险可怕的道路。指把某种事物看得很可怕，像极难行走的路。

成语出处：《庄子·达生》："夫畏涂者，十杀一人，则父子兄弟相戒也。"

成语用法：动宾式；作谓语；含贬义。

成语示例：许多学生把作文练习视为畏途，教师把作文教学当作一大难题。

成语故事

有一次，大学者田开之去拜见周威公，周威公知道田开之很有学问，便向他请教说："我听说你的老师祝贤精通养生之道，你跟他学习多年，一定懂得很多道理吧！"

田开之说："我只是拿着扫帚给祝先生打扫门前的积雪，或者给先生干些杂活，哪里会得到先生的教导？"

周威公笑着说："田先生不必谦虚，您是天下很有才能的人，我很想得到您的教诲，请您说说好吗？"

田开之见威公很诚恳，也不好再推辞，便说道："我听我的老师说过：'善于养生的人，就像放羊一样，看见有的羊落后了，就赶忙用鞭子打它，使它赶上去。'"

周威公一听，迷惑不解，追问道："这是什么意思呢？请先生再说说！"

田开之回答说："鲁国有个名叫单豹的人，栖身山洞，喝泉水为生，从不与人交往，更不与人争利。他已活到七十多岁了，面容还像婴儿一样。不幸的是有一天他遇到一只饿虎，结果被老虎吃掉了。还有个叫张毅的人，特别善于交游。凡是豪门大户，有权有势的人家他都登门拜访，往来交际。但他只活了四十岁，便得了内热病死了。单豹修养他的内心却被老虎吃掉了形体；张毅保养他的形体，而病毒却侵蚀了他的内心。这两个人，都好比是不被鞭抽而落在后头的羊一样。"

周威公内心受到了触动。他问："作为一国之君又如何朝自己的不足之处挥鞭呢？"田开之没有直接回答周威公的发问，他拐了个弯说："您尊重孔子，前不久我听仲尼先生和我的老师谈话时说：'不要深入而潜藏，不要突出而显露，要像无心的枯木立在此二者之间。这三方面若能做到，名声便符合了

至人的实际。"

在谈论人生中的危害时，田开之说："要是在艰险可怕的道路上，十个人中有一个被杀害了，于是父子兄弟间就要互相警戒，一定要集聚很多人才敢经过，这是明智的。但是人最可怕的危害在卧席之上，饮食之间，却不知道对它们有所警戒，这是件大错。"

周威公听了心里强烈地震动起来，名利、声色、酒食，天天困扰着自己。这是自己的不足之处呀！但他没有勇气提出来。田开之看透了他的心事，慢条斯理地说："祝史穿着祭祀的礼服来到猪圈那里对猪说：'为什么要怕死？我要把你好好饲养三个月，十天一戒，三天一斋，铺上白茅，使你的肩膀和臀部放到雕花的俎上，用来祭祀，你该愿意这样做吧？'要是为猪谋划，就会说，与其这样，不如吃着糟糠，被关在圈中的好。要是人们为自己谋划，那便是活着享有乘轩戴冕的尊贵地位，死了装在彩画繁饰的殡车里，也是要去做的。为猪打算，就不要那些；为自己打算就取得那些：这样的人与供作牺牲的猪有什么不同呢？"

◆视死若生

shì sǐ ruò shēng

成语解释：把死去看做活着一样。形容面临危险而不惧怕。

成语出处：《庄子·秋水》："白刃交于前，视死若生者，烈士之勇也。"

成语用法：动宾式；作谓语、定语；用于处世等。

成语示例：高老忠大爷为了拯救全村人的性命，毅然迎着敌人的枪口为大家敲钟报信，这种视死若生、崇高无私的精神，真令人肃然起敬。

成语故事

孔子率领弟子周游列国，有一次，他们来到卫国的匡地，卫国人以为是他们的仇人阳虎，便把孔子一行团团围住。孔子的学生们都很着急，而孔子却像没发生什么事一样，坐在地上一边弹琴一边歌唱。子路觉得很奇怪，便上前问孔子说："现在大家被围，生命都有危险，而您怎么还有心弹唱？"

孔子听了弟子的问话，放下手中的琴，语重心长地说："来，我告诉你！你知道吗？这一切都是命运啊！古代尧舜的时候，天下没有不得志的人，这并不是他们都智慧高超；在桀纣的时代，天下没有一个人得志，这也不是人们都智能低下，这是时势造成的啊！在水里畅行不避蛟龙，这是渔夫的勇敢；在地上行走不惧怕野牛猛虎，这是猎人的勇敢；面对死亡，毫无惧色，这是烈士的勇敢。知道穷困窘迫是由于命运时势造成的，面临危难而不恐惧，这是圣人的勇敢。子路啊，你明白了吗？我的一切是上天决定的。"说完，孔子又拿起琴弹唱起来。

过了一会儿，来了几个带着兵器的士兵，他们走到孔子面前，略略施礼，对孔子道歉说："很对不起！刚才我们把你当成了阳虎，所以才围困了你们。现在弄清楚了，我们特地表示歉意并立即退兵。"说罢卫人便撤走了，孔子又率领弟子踏上了游历的路程。

◆舐痈吮痔

shì yōng shǔn zhì

成语解释：舐：舔；痈：毒疮；吮：聚拢嘴唇来吸。指为人舐吸疮痔上的脓血。比喻卑劣地奉承人。

成语出处：《庄子·列御寇》："秦王有病召医，破痈溃痤者得车一乘，舐痔者得车五乘。所治愈下，得车愈多。"

成语用法：联合式；作谓语、宾语、定语；多用于比喻句。

成语示例：有的人不努力工作，却一味巴结上级，舐痈吮痔，毫无廉耻。

┌─────────┐
│ **成语故事** │
└─────────┘

春秋战国时期，有个宋国人叫曹商，一向很穷，一个偶然机会，他替宋

王出使秦国，宋王给了他几辆马车。到了秦国，曹商有意讨好秦王，秦王很高兴，又赏给他一百辆车子。曹商得到这么多车子，十分得意。

回到宋国后，曹商为了炫耀自己，便去见庄子，对庄子说："居住在穷间陋巷，住着漏雨的房子，穿着破旧的衣服，家境困窘，靠编鞋为生，饿得脖子又细又长，脸色发黄，那是我不会有的；一旦我为宋王出使秦国，说服万乘之主，一下子就得到了一百多辆车子，这是我曹商的长处啊！"说完他得意地大笑起来。

庄子最看不起这种得志便猖狂的小人，便笑着说道："你是比我有本事。我听说秦王有痔疮病，请了许多人为他医治，秦王下了一条赏令，为他挤脓疮，挑粉刺的赏车一辆，用舌头给他吸吮痔疮的，赏赐马车五辆。所医治的病越下贱肮脏，赏给的车赏就越多，现在你得到秦王这么多赏车，你一定是给秦王舔痔疮了。要不然，怎么会得到这么多的马车呢？"

曹商被庄子嘲笑了一番，脸一阵红一阵白，灰溜溜地走了。后来，人们就以吮痈舐痔比喻阿谀献媚之徒不择手段，做一些卑劣无耻的事，去巴结讨好权贵。

◆寿陵失步

shòu líng shī bù

成语解释： 比喻仿效不成，反而丧失了固有技能。同"邯郸学步"。

成语出处：《庄子·秋水》："且子独不闻寿陵馀子之学行于邯郸与？未得国能，又失其故行矣，直匍匐而归耳。"

成语用法： 主谓式，作宾语、定语。

成语示例： 学习外国经验，不能寿陵失步，连我们自己成功的经验都丢了。

◆数米而炊

shǔ mǐ ér chuī

成语解释：炊：烧火做饭。数着米粒做饭，比喻计较小利，也形容生活困难。

成语出处：《庄子·庚桑楚》："简发而栉，数米而炊，窃窃乎又何足以济世哉！"

成语用法：偏正式；作谓语；含贬义。

成语示例：你这样是数米而炊，既浪费时间又没有好处。

◆随乡入乡

suí xiāng rù xiāng

成语解释： 到一个地方就按照这一个地方的风俗习惯生活。也比喻到什么地方都能适应。同"入乡随俗"。

成语出处：《庄子·山木》："入其俗，从其令。"

成语用法： 联动式；作谓语。

成语示例：到了村里，我们也随乡入乡，喝起了大碗的家酿米酒。

◆随珠弹雀

suí zhū tán què

成语解释：随珠：古代传说中的夜明珠，即随侯的明月珠。用夜明珠去弹鸟雀，比喻轻重颠倒，得不偿失。也作"以珠弹雀"。

成语出处：《庄子·让王》："今且有人于此，以随侯之珠，弹千仞之雀，世必笑之。是何也？则其所用者重，而所要者轻也。"

成语用法：主谓式；作主语、宾语、定语；含贬义。

成语示例：费了九牛二虎之力，才取得这一点成果，真是随珠弹雀，得不偿失。

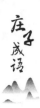

在战国时期的鲁国，鲁国国君听说隐士颜阖是得道之人，就派人带着丰厚的礼品去表达心意。颜阖家住在简陋的穷巷，他正穿着破旧的衣服给牛喂草。这时鲁国的使者走进院内问："这里是颜阖的家吗？"颜阖回答："是的。"使者送上礼物，说明来意。颜阖说："天下重名重姓者甚多，万一送错了人你们必受处罚，不如你们回去仔细核实一下。"使者回去，核实无误，又来找颜阖，颜阖已经杳无踪影，不知去向。当时有很多人认为颜阖的做法是远离富贵，得不偿失，庄子说："道的精华是用来修身的，只有世俗的君子才违身弃性去追逐名利。像颜阖这样的得道之人，必定明察其所以往和所以为的意义。假如现在有这样一个人，他用随侯之珠去击射高空的飞鸟，世人肯定会嘲笑他。为什么呢？因为他用贵重的东西去求取轻贱之物。就性命而论，它比随侯之珠还要贵重。"

◆损之又损

sǔn zhī yòu sǔn

成语解释：形容极为谦虚。

成语出处：《庄子·知北游》："故曰为道者日损，损之又损之，以至于无为。"

成语用法：偏正式；作谓语、定语。

成语示例：真理虽然顿达，此情难以卒除。须长觉察，损之又损，如风顿止，波浪渐停。（宋·释普济《五灯会元》卷二）

◆顺我者昌，逆我者亡

shùn wǒ zhě chāng，nì wǒ zhě wáng

成语解释：顺从我的就可以存在，违背我的就叫你灭亡。形容独裁统治。

成语出处：《庄子·盗跖》："顺吾意则生，逆吾意则死。"

成语用法：复句式；作定语、分句；含贬义。

成语示例：俗话说：己所不欲，勿施于人；可俗话又说：顺我者昌，逆我者亡。人生充满无奈，懂得选择与拒绝也是一种智慧，愿笑口常开，春风拂面。

◆嗒然若丧

tà rán ruò sàng

成语解释：形容懊丧的神情。

成语出处：《庄子·齐物论》："仰天而嘘，嗒焉似丧其耦。"

成语用法：联合式；作谓语、状语。

成语示例：看着他那嗒然若丧的样子，大家都不知如何是好。

◆探骊得珠

tàn lí dé zhū

成语解释：骊：骊龙，黑色的龙。摸到黑龙下巴底下，取得一颗珍珠。原指冒大险，得大利。后来比喻诗文写作能抓住关键，紧扣主题。也比喻得到或见到珍奇之物。也作"探骊觅珠"。

成语出处：《庄子·列御寇》："夫千金之珠，必在九重之渊，而骊龙颔下，子能得珠者，必遭其睡也。使骊龙而寤，子尚奚微之有哉？"

成语用法：联动式；作谓语。

成语示例：大师的不平凡处就在于他把问题看得透彻，处理问题化繁为

简，探骊得珠，举重若轻。

有一个人去游说宋王，宋王赐给他十辆车子，他便凭这十辆车子在庄子面前炫耀。

庄子觉得那个人很卑鄙，就编了一个故事讲给他听。庄子说："在河边上有一个家境贫穷以编织芦苇为业的人，有一次他的儿子潜入深渊，得到一只价值千金的宝珠。父亲便对他的儿子说：'拿石头来把它砸碎吧！价值千金的宝珠，一定在九重深渊下的黑龙的下巴下面，你能取得这颗宝珠，一定是碰到黑龙睡觉的时候。假如黑龙醒着，你自身还能剩下一点吗？'现在宋国不仅像九重深渊那样深不可测，宋王又像黑龙那样凶猛，你却能得到珠子，一定是碰上宋王在睡觉。如果当时宋王醒着，你岂不化为粉末了！"那人听了也像曹商一样溜走了。

◆探囊胠箧

tàn náng qū qiè

成语解释：用手摸袋子，撬开小箱子。指偷盗。

成语出处：《庄子·胠箧》："将为胠箧探囊发匮之盗，而为守备，则必摄缄縢，固扃鐍。"

成语用法：联合式；作谓语、宾语、定语；用于书面语。

成语示例：他无师自通，便能行飞檐走壁探囊胠箧之事。

◆螳臂当车

tánɡ bì dānɡ chē

成语解释：螳螂奋举前腿来挡住车子前进，不知道它的力量根本不胜任。比喻自不量力地去做办不到的事，必然失败。

成语出处：《庄子·人间世》："汝不知夫螳螂乎，怒其臂以当车辙，不知其不胜任也。"

成语用法：主谓式；作谓语、宾语；含贬义。

成语辨析：螳臂当车和蚍蜉撼树，都有"想用极小的力量阻挡或动摇巨大的事物"的意思。但螳臂当车的"当"比喻对潮流、运动、历史、车轮等的阻挡、阻拦和阻挠，着重指自取灭亡；而蚍蜉撼树的"撼"比喻对集团、国家、政权等的颠覆、推翻、动摇，着重指不自量力。

成语示例：他们这种小公司也敢来与我们竞争，无异螳臂当车，自不量力。

成语故事

战国时期，有一个叫将闾葂的学者，鲁国的国君听说他很有见识，便召见他，请他讲一讲如何治理国家的事，将闾葂推辞不掉，便对鲁国的国君说："要实行恭敬和节俭，擢用公正忠诚的人，行政大公无私，人民怎会不和睦相处呢？"

将闾葂离开鲁国国君，总觉得自己说得不一定对，于是他找到当时很有名望的一位学者，名叫季彻，将闾葂向季彻说了对鲁国国君说的话，问季彻自己说得是否对。季彻听了没有说对也没有说不对，就给将闾葂讲了一个小故事。

季彻说："一天我驾车出游，路上见一个螳螂在车辙里。它看到我的车过来了，便奋力举起了它的双臂，企图阻止我的车子前进，我看着它的样子又佩服又可怜，佩服它的勇敢，可怜它的不自量力。"说完他哈哈地笑了。将闾葂吃惊地说："先生是说鲁国国君照我说的去做，要实现圣明之治，如同螳螂当车是不能胜任的吧！"

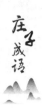

季彻没有回答，他说："最伟大的圣人治理天下的做法是，顺应民心的自然活动，来完成教化，改变俗习。这样人民都能去掉有害心思，增进专一于道的志向。就好像随本性自然形成，而不知为什么会这样。要使天下皆同一于自然之德，必须使内心安定才是。"

鲁国的国君照将间茬的见解治理国家，麻烦事一天比一天多，连自己也处于危险境地，他就不再实行了。

◆螳螂捕蝉，黄雀在后

táng láng bǔ chán，huáng què zài hòu

成语解释： 螳螂正要捉蝉，不知黄雀在它后面正要吃它。比喻目光短浅，只想到算计别人，没想到别人在算计他。只看见前面有利可图，却不知道祸害就在身后。

成语出处：《庄子·山木》："庄周游乎雕陵之樊，睹一异鹊自南方来者，翼广七尺，目大运寸，感周之颡（sǎng），而集于栗林。庄周曰：'此何鸟哉，翼殷不逝，目大不睹？'蹇裳躩步，执弹而留之。睹一蝉，方得美荫而忘其身；螳螂执翳而搏之，见得而忘其形；异鹊从而利之，见利而忘其真。庄周怵然曰：'噫！物固相累，二类相召也！'捐弹而反走，虞人逐而谇之。庄周返入，三月不庭。"

成语用法： 复句式；作分句；含贬义。

成语示例： 他一心想沾别人便宜，却不知道也有人在盯着他们，真是所谓螳螂捕蝉，黄雀在后啊！

> **成语故事**

一天，庄子到雕陵的栗子园里散步，忽然看见一只奇异的鸟从南面飞来，翅膀有七尺宽，眼睛有一寸长。这只鸟从庄子的面前飞过，翅膀竟碰到了他的额头，而这只鸟就像没看见庄子一样，落在庄子面前的一棵栗树上。

庄子很奇怪，自言自语地说："这是只什么鸟呀？翅膀很大却飞不远，眼睛不小却目光迟钝！"于是，庄子撩起衣服，手拿弹弓，快步走上前去，想寻找机会弹射它。

这时，庄子又看见一只蝉正躲在浓密的树叶后悠然自得地乘凉，竟忘记了自身的安危；在蝉的一侧，有只螳螂正准备捕食那只蝉；正当螳螂刚要冲上去时，躲在一旁的那只奇异的鸟上去就把它叼住了。看到这里，庄子心中一震，他想："这些动物之间互相吞食，就是由于贪图小利所致呀！我现在想弹射奇异的鸟，不也同这些动物一样吗？这是见利而忘危啊！不行，我必须马上离开"。

想到这儿，庄子扔掉手中的弹弓，转身便走，刚走几步，看守栗园的人就从后面追了上来，守园人以为庄子是偷栗子的，边追边骂，并赶过来盘问一番。

庄子回到家，一连三天都不说话，闷闷不乐。弟子们都不知道发生了什么事，其中一个叫蔺且的弟子问他："先生这几天为什么事不愉快呢？"

庄子回答说："我守护形体而忘了自身。因为一只鸟碰了我的头，我便想弹射它，却没有考虑自己身后的危险，结果被守园人侮辱了一顿，所以我感到很不愉快"。

◆傥来之物

tǎng lái zhī wù

成语解释：傥来：偶然、意外得来的。无意中得到的或非本分应得的财物。

成语出处：《庄子·缮性》："轩冕在身，非性命也，物之傥来，寄者也。"

成语用法：偏正式；作宾语。

成语示例：大家要提高警惕，识破骗术，看透骗子的鬼蜮伎俩，不拿傥来之物，千万莫要相信这种天上掉馅饼的好事，一旦上当受骗则悔之晚矣！

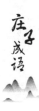

◆同类相从

tóng lèi xiāng cóng

成语解释：谓物之同类者互相依从。

成语出处：《庄子·渔父》："同类相从，同声相应，固天之理也。"

成语用法：紧缩式；作宾语、定语；用于书面语。

成语示例：我以为我们是同类相从、同声相应的好朋友，我看你家里高朋满座热闹非凡的样子，知道我们还是有一段距离。

◆天覆地载

tiān fù dì zǎi

成语解释：意思是像天覆盖万物，地承受一切一样。比喻范围极广大。也比喻恩泽深厚。

成语出处：《庄子·大宗师》："吾思夫使我至此极者而弗得也。父母岂欲吾贫哉？天无私覆，地无私载，天地岂私贫我哉？"

成语用法：联合式；作谓语、定语。

成语示例：您的恩情真是天覆地载，我一辈子也报答不完啊！

成语故事

子舆和子桑是一对好朋友。雨连绵不断地下了十多天，子舆说："子桑恐怕是要饿坏了。"于是就带着饭食去给他吃。到了子桑的门前，就听到屋里传出既像唱歌又像哭泣的声音。子桑弹着琴吟唱道："是父亲呢？还是母亲呢？是天呢？还是人呢？"他的声音十分微弱，而诗句急促不清。子舆走进屋子，问道："你吟唱的诗句为什么如此不成调子？"子桑说："我正在思考究竟是谁让我陷入如此贫困的境地，可是却找不到答案。父母难道希望我这样贫困吗？天毫无偏私地覆盖着世间万物，地毫无偏私地承载着万物，天地怎么可能偏偏让我贫困潦倒呢？我努力寻求使我贫困的原因，却没能找到答案。然而，使我陷入这般绝境的，就是命运啊！"

◆天高地厚

tiān gāo dì hòu

成语解释：原形容天地的广大，后形容恩德极深厚。也比喻事情的艰巨、严重，关系的重大。

成语出处：《庄子·田子方》："至人之于德也，不修而物不能离焉，若天之自高，地之自厚，日月之自明，夫何脩焉！"

成语用法：联合式；作宾语。

成语示例：你在他面前说那些话，实在是班门弄斧，不知天高地厚。成语故事：孔子问道于老聃，孔子说："先生的德行合于天地，仍然借助于至理真言来修养心性，古时候的君子，又有谁能够免于这样做呢？"老聃说："不是这样的。水激涌而出，不借助于人力方才自然。道德修养高尚的人对于德行，无须加以培养万物也不会脱离他的影响，就像天自然地高，地自然地厚，太阳与月亮自然光明，又哪里用得着修养呢！"

孔子从老聃那儿走出，把见到老聃的情况告诉给了颜回，说："我对于大道，就好像瓮中的小飞虫对于瓮外的广阔天地啊！不是老聃的启迪揭开了我的蒙昧，我不知道天地之大那是完完全全的了。"

◆天壤之别

tiān rǎng zhī bié

成语解释：指高天和平地的区别。极言差别之大。

成语出处：《庄子·应帝王》："乡吾示之以天壤，名实不入，而机发于踵。"

成语用法：偏正式；作宾语。

成语示例：我跟他比较起来，何止望尘莫及，简直是天壤之别啊！

◆天下为笼

tiān xià wéi lóng

成语解释： 笼：牢笼。旧时比喻为世事所束缚。

成语出处：《庄子·庚桑楚》："以天下为之笼，则雀无所逃。是故汤以庖人笼伊尹，秦穆公以五羊之皮笼百里奚。是故非以其所好笼之而可得者，无有也。"

成语用法： 主谓式；作宾语、定语；用于书面语。

成语示例： 彼时天下为笼，志不得伸，今天新时代到来了，我们要大干一场了。

◆跳梁小丑

tiào liáng xiǎo chǒu

成语解释： 跳梁：即"跳踉"，跳来跳去，形容捣乱的样子；小丑：卑鄙的小人。比喻猖狂捣乱而成不了大气候的坏人。

成语出处：《庄子·逍遥游》："子独不见狸狌乎，卑身而伏，以候敖者，东西跳梁，不避高下。"

成语用法： 偏正式；作主语、宾语；含贬义。

成语示例： 国际上总有那么几个跳梁小丑跟在超级大国的后面鼓噪，干涉别国的内政。

◆恬淡无为

tián dàn wú wéi

成语解释： 心境清静自适而无所营求。

成语出处：《庄子·刻意》："夫恬淡寂漠，虚无无为，此天地之平，而道德之质也。"

成语用法：联合式；作谓语、定语；含贬义。

成语示例：崇尚恬淡无为的他，却被命运推上混乱风暴的中心！

◆投刃皆虚

tóu rèn jiē xū

成语解释：比喻处理事务得心应手。

成语出处：《庄子·养生主》："彼节者有间，而刀刃者无厚，以无厚入有间，恢恢然其于游刃必有余地矣。"

成语用法：紧缩式；作宾语、定语；用于比喻句。

成语示例：这位老作家运用语言的功夫已达到投刃皆虚、得心应手的地步。

◆吐故纳新

tǔ gù nà xīn

成语解释：故：旧的；纳：吸入。原指人体呼吸。呼出二氧化碳，吸进新鲜氧气。后比喻扬弃旧的，吸进新的，不断更新。

成语出处："吹呴呼吸，吐故纳新，熊经鸟申，为寿而已矣。"

成语用法：联合式；作谓语、定语、分句。

成语示例：作为一个组织，要保持生机和活力，就必须坚持吐故纳新，不断充实新生力量。

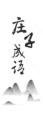

◆屠龙之技

tú lóng zhī jì

成语解释：屠：宰杀。宰杀蛟龙的技能。比喻技术虽高，但无实用。

成语出处：《庄子·列御寇》："朱泙漫学屠龙于支离益，单千金之家。三年技成，而无所用其巧。"

成语用法：偏正式；作宾语；含贬义。

成语示例：学习技术也要结合实际，那些没有用途的屠龙之技，是没有什么意义的。

┌─────────────┐
│ **成语故事** │
└─────────────┘

从前，有个叫朱泙漫的人，一心想学到一种世上少有的奇特本领。他听说支离益会宰龙，心想这可是世上罕见的本领。于是他就去拜支离益做老师，学了整整三年，把家产都折腾光了，才把宰龙的本领学到手。艺成之后，他兴冲冲地回到家里，别人问他学到了什么技术，他一边回答一边滔滔不绝地讲了杀龙的要领，怎样按住龙头，怎样踩住龙尾，怎样从龙颈上下刀。他讲得绘声绘色，头头是道。听者却不屑一顾地问他："你学的这套屠杀龙的绝技实在是世上少有啊，可惜世上根本没有龙，你这套技术到哪里去施展呢？"朱泙漫回答不上来了。有人告诉他说："学本领是每个人都需要的，但学的目的是为了应用，如果学的东西没有用处，学得再精通也是一文不值的。"

这个故事警示人们要学以致用，不要学非所用，学到的东西没有用处就毫无价值。学习必须从实际出发，讲求实效。如果脱离了实际，再大的本领也没有用。

◆推舟于陆

tuī zhōu yú lù

成语解释：推船在陆地上行，比喻劳而无功，指人的行为失当。

成语出处：《庄子·天运》："今蕲行周于鲁，是犹推舟于陆也！劳而无功，身必有殃。"

成语用法：紧缩式；作宾语、定语。

成语示例：拿不出成效，形不成亮点，就好比推舟于陆，劳而无功。

◆吞舟之鱼

tūn zhōu zhī yú

成语解释：能吞舟的大鱼。常以喻人事之大者。

成语出处：《庄子·庚桑楚》："吞舟之鱼，砀而失水。"

成语用法：偏正式；作宾语；多用于比喻句。

成语示例：过去由于法制不够健全，使得有些对人民犯了大罪的吞舟之鱼居然漏网了。

◆万物一府

wàn wù yī fǔ

成语解释：府：收藏财物的地方。所有的财物收藏在一起。指事物一体，无所分别。

成语出处："《庄子·天地》："若然者，藏金于山，藏珠于渊；不利货财，不近贵富；不乐寿，不哀夭；不荣通，不丑穷；不拘一世之利以为己私分，不以王天下为己处显。显则明，万物一府，死生同状。"

成语用法：主谓式；作宾语。

成语示例：心胸放开，万物一府，不要再拘泥于细枝末节，自寻烦恼。

◆万物一马

wàn wù yī mǎ

成语解释：事物虽复杂，但用一匹马的道理就可以概括。指剖析一件事物就可以了解其它事物的道理。

成语出处：《庄子·齐物论》："天地一指也，万物一马也。"

成语用法：偏正式，作宾语、状语。

成语示例：不要被事物的表象迷惑，万物一马，从本质上看都是一样的。

◆妄言妄听

wàng yán wàng tīng

成语解释：妄：不实。说的人随便说，听的人随便听，都不认真看待。

成语出处：《庄子·齐物论》："予尝为女妄言之，女亦以妄听之。"

成语用法：联合式；作谓语、定语；含贬义。

成语示例：我看他俩的讨论都没有经过充分准备，没有实际意义，只能妄言妄听。

◆望洋兴叹

wàng yáng xīng tàn

成语解释：望洋：仰视的样子。仰望大海而兴叹。原指在伟大事物面前感叹自己的渺小。现多比喻做事时因力不胜任或没有条件而感到无可奈何。

成语出处：《庄子·秋水》："秋水时至，百川灌河，泾流之大，两涘渚崖之间不辨牛马。于是焉河伯欣然自喜，以天下之美为尽在己。顺流而东行，至于北海，东面而视，不见水端。于是焉河伯始旋其面目，望洋向若而叹曰：'野语有之曰：闻道百，以为莫己若者。'"

成语用法：偏正式；作谓语、宾语、定语，含贬义。

成语示例：本想去听音乐会的，可票价却让我望洋兴叹。

> **成语故事**

相传很久很久以前，黄河里有一位河神，人们叫他河伯。河伯站在黄河岸上，望着滚滚的浪涛由西而来，又奔腾跳跃向东流去，兴奋地说："黄河真大呀，世上没有哪条河能和它相比。我就是最大的水神啊！"

有人告诉他："你的话不对，在黄河的东面有个地方叫北海，那才真叫大呢。"

河伯说："我不信，北海再大，能大得过黄河吗？"

那人说："别说一条黄河，就是几条黄河的水流进北海，也装不满它。"

河伯固执地说："我没见过北海，我不信。"

那人无可奈何，告诉他："有机会你去看看北海，就明白我的话了。"

秋天到了，连日的暴雨使大大小小的河流都注入黄河，黄河的河面更加宽阔了，隔河望去，对岸的牛马都分不清。这一下，河伯更得意了，以为天下最壮观的景色都在自己这里，他在自得之余，想起了有人跟他提起的北海，于是决定去那里看看。

河伯顺流来到黄河的入海口，突然眼前一亮，海神北海若正笑容满面地欢迎他的到来。河伯放眼望去，只见北海汪洋一片，无边无涯，他呆呆地看了一会儿，深有感触地对北海若说："俗话说，只懂得一些道理就以为谁都比不上自己，这话说的就是我呀。今天要不是我亲眼见到这浩瀚无边的北海，我还会以为黄河是天下无比的呢！那样，岂不被有见识的人永远笑话。"

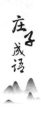

◆蜗角蝇头

wō jiǎo yíng tóu

成语解释：蜗角：蜗牛的触角；蝇头：苍蝇头。比喻获利甚微，不足挂齿。

成语出处：《庄子·则阳》："有国于蜗之左角者，曰触氏，有国于蜗之右角者，曰蛮氏，时相与争地而战，伏尸数万，逐北，旬有五日而后反。"

成语用法：联合式；作宾语、定语；多用于比喻句。

成语示例：这也许只是微不足道的蜗角蝇头之争，但毕竟与大家息息相关。

┌─────────┐
│ **成语故事** │
└─────────┘

　　战国时，魏国和齐国多次交战，两国关系十分紧张。后来，魏惠王主动与齐威王修好，约誓立盟商定两国友好相处，互相帮助。可没过多久，齐威王就背叛盟约，又攻打魏国。魏惠王十分生气，于是决定派人去暗杀齐威王。

　　大臣公孙衍听说后，急忙去见魏王，劝阻魏王说："大王的办法不妥当。您身为大国之君，却用老百姓的办法来报仇，这会被别人嘲笑的。请您给我二十万军队，让我去进攻齐国，我一定会攻占齐国，俘虏齐威王。到那时，您可以鞭打齐王的后背，折断他的脊梁骨，怎么报仇都行啊！"

　　季子听说后，也去劝魏惠王，他说："大王可不要听信公孙衍的话啊！现在我国已经七年不打仗了，老百姓都因此拥护您，如果您擅自发兵，那会遭到人民的反对的。"

　　华子听说了，也去见魏惠王。他对魏惠王说："劝您攻打齐国的人不可信；劝您不攻打齐国的人也不可信；像我这样劝您的人也不可信。"

　　魏惠王听了，大惑不解，问道："那我该听信谁呢？"

　　华子说："您只要明白大道理就行了。"

　　惠施听说这件事后，就向魏惠王推荐戴晋人。魏惠王问戴晋人说："你说我该怎么办呢？"

戴晋人说："您只须明白一个道理。"

魏惠王问："什么道理呢？"

戴晋人说："有一种叫蜗牛的动物，您知道吗？"

魏惠王答："知道。"

戴晋人停了片刻说："有两个国家一个叫触国，另一个叫蛮国，它们分别建国在蜗牛的左、右角上，这两个国家经常为争夺地盘而打仗，每次交战，双方都要死伤数万人马，有时追逐败兵十五天后才返回来。"

魏惠王听了连连摆手，说："咦！你这是在吹牛吧！"

戴晋人一本正经地说："这是真的。请让我为您证实一下。您想象一下，上下四方是有穷尽的吗？"

魏惠王毫不犹豫地说："没有穷尽，它太广阔了。"

戴晋人说："您的精神驰骋想象于无穷之中，然后再返回到人迹车马所能到达的地方，这时您不觉得人迹所能到达的地方实在是渺小得微不足道吗？"

魏惠王点头说："是这样的。"

戴晋人说："人迹所到之处有魏国，魏国又有首都大梁，大梁中住着大王您。从您在整个无穷尽的宇宙中的地位来看，魏国和齐国不就像是在蜗角上吗？"

听了戴晋人的话，魏惠王好像明白了，感到非常惭愧，好半天没说一句话。

◆尾生抱柱

wěi shēng bào zhù

成语解释：相传尾生与女子约定在桥梁相会，久候女子不到，水涨，乃抱桥柱而死。后用以比喻坚守信约。亦作"尾生之信""尾生丧身"。指人死板。

成语出处：《庄子·盗跖》："尾生与女子期于梁下，女子不来，水至不去，抱梁柱而死。"

成语用法：主谓式；作宾语、定语。

成语示例：古人的思想还是比较纯洁的，没有受到太多世俗的污染，他们往往把自己的追求和原则看成是人生最重要的，于是就会有伯牙绝弦、尾生抱柱等千古佳话。

◆畏影恶迹

wèi yǐng è jì

成语解释：比喻做人愚蠢，不明事理。

成语出处：《庄子·渔父》："人有畏影恶迹而去之走者，举足愈数而迹愈多，走愈疾而影不离身。"

成语用法：联合式；作谓语、定语。

成语示例：他就会胡搅蛮缠，做事畏影恶迹，令人厌恶。

◆蚊力负山

wén lì fù shān

成语解释：以蚊虫的力量能背山。比喻力虽小却身负重任。

成语出处：《庄子·应帝王》："其与治天下也，犹涉海凿河，而使蚊负山也。"

成语用法：主谓式；作宾语、定语。

成语示例：他能拿下来这么大的工程，真是蚊力负山，令人不敢相信。

◆无毁无誉

wú huǐ wú yù

成语解释：既无毁谤，也无称誉。形容很平常。指非常一般。

成语出处：《庄子·山木》："无誉无訾，一龙一蛇，与时俱化，而无肯专为。"

成语用法：联合式；作谓语、定语。

成语示例：她平凡的一生，无毁无誉，人们很快就会把她忘掉。

◆无所依归

wú suǒ yī guī

成语解释：没有依靠和归宿，指人的处境艰难无着。

成语出处：《庄子·人间世》："民其无如矣。"晋·郭象注："无所依归。"

成语用法：偏正式；作谓语、定语。

成语示例：一场大水过后，片瓦全无，衣食无着，无所归依的他站在高岗之上，只有仰天长叹！

◆无思无虑

wú sī wú lǜ

成语解释：没有什么可放在心上的。形容胸襟开阔，也形容无所用心。

成语出处：《庄子 天地》："德人者，居无思，行无虑，不藏是非美恶。"

成语用法：联合式；作谓语、定语。

成语示例：一个人在海边无思无虑散步的感觉真是妙不可言。

◆无病自灸

wú bìng zì jiǔ

成语解释：灸：灼，多指中医用艾叶等灼烧身体某一部分的医疗方法。比喻自找苦吃或自寻烦恼。

成语出处：《庄子·盗跖》："柳下季曰：'跖得无逆汝意若前乎？'孔子曰：'然，丘所谓无病而自灸也。'"

成语用法：偏正式；作宾语、谓语。

成语示例：你这样简直是无病自灸，自寻烦恼。

◆吸风饮露

xī fēng yǐn lù

成语解释：道家及诗文中常用以指神仙的绝食五谷。比喻不吃饭。

成语出处：《庄子·逍遥游》："藐姑射之山，有神人居焉。……不食五谷，吸风饮露。"

成语用法：联合式；作谓语、定语。

成语示例：人不是神仙，光靠吸风饮露是活不下去的。

◆息迹静处

xī jì jìng chù

成语解释：息：止息；迹：行迹，脚印；处：处所。要想不见行迹，只有自己静止不动。引申为要想人不知，除非己莫为。

成语出处：《庄子·渔父》："人有畏影恶迹而去之走者，举足愈数而迹愈多，走愈疾而影不离身……不知处阴以休影，处静以息迹，愚亦甚矣。"

成语用法：联合式；作宾语、定语；用于处事。

成语示例：息迹静处于岩穴，徘徊优游于山水，也有一番精进的功夫要做。

◆息黥补劓

xī qíng bǔ yì

成语解释：黥，刺面；劓，割鼻。均为古代刑罚。谓修整面容残缺，恢复本来面目。后用以喻改过自新。同"救黥医劓"。

成语出处：《庄子·大宗师》："许由曰：'而奚来为轵，夫尧既已黥汝以仁义，而劓汝以是非矣，汝将何以游夫遥荡恣睢转徙之涂乎？'意而子曰：'……庸讵知夫造物者之不息我黥而补我劓，使我乘成以随先生邪？'"

成语用法：联合式；作宾语、定语；用于书面语。

成语示例：你只要洗心革面息黥补劓，珍惜这来之不易的自由，重新面对新的生活，人们会接受你的。

成语故事

相传远古时期，意而子去拜见许由，许由问尧为什么会帮助他。意而子回答说："尧要我躬服仁义而明言是非。"许由又问他尧是怎样教他明白仁义与是非的。意而子回答道："你又能怎会知造物者不能去除我黥而补上我失去的鼻子，来让我带着完备的身体来追随先生呢？"

◆析交离亲

xī jiāo lí qīn

成语解释：指离间亲友。

成语出处：《庄子·渔父》："析交离亲谓之贼。"

成语用法：联合式；作宾语、定语；用于处事。

成语示例：他表面装好人，背后说坏话，析交离亲，造谣生事，最后落得众叛亲离，成了孤家寡人。

◆西子捧心

xī zǐ pěng xīn

成语解释：西子：即西施，春秋时越国的美女。形容女子的病态美。比喻名家的诗文、字画等，其本身存在的某种疵病不足以掩盖其固有的优点，有时反而增色。亦作"西施捧心"。

成语出处：《庄子·天运》："故西施病心而膑其里，其里之丑人见而美之，归亦捧心而膑其里。其里之富人见之，坚闭门而不出；贫人见之，挈妻子而去之走。彼知膑美，而不知膑之所以美。"

成语用法：主谓式；作宾语、定语；用于比喻句。

成语示例：此刻已是气若游丝的她柳眉轻垂，一副西子捧心的娇弱模样。

◆夏虫疑冰

xià chóng yí bīng

成语解释：比喻人囿于见闻，知识短浅。

成语出处：《庄子·秋水》："井蛙不可以语于海者，拘于虚也；夏虫不可以语于冰者，笃于时也。"

成语用法：主谓式；作谓语、宾语；指见识短浅。

成语示例：大家要不断开阔心胸，增长见识，以免留下夏虫疑冰、坐井之蛙的笑话。

◆夏虫朝菌

xià chóng zhāo jūn

成语解释：意为夏虫活不到冬天，菌类朝生暮死。比喻极短的生命。

成语出处：《庄子·秋水》："夏虫不可以语于冰。"《庄子·逍遥游》："朝菌不知晦朔。"

成语用法：联合式；作宾语、定语；多用于比喻句。

成语示例：人生是短暂的，犹如夏虫朝菌、白驹过隙，我们要珍惜自己的生命，努力进取，多为人民做贡献。

◆鲜规之兽

xiān guī zhī shu

成语解释：鲜：小；鲜规：渺小。指小虫小兽。比喻弱小势力。

成语出处：《庄子·天运》："鲜规之兽，莫得安其性命有情者。"

成语用法：偏正式；作宾语；用于书面语。

成语示例：若不团结，任何力量都是鲜规之兽的。

◆相濡以沫

xiāng rú yǐ mò

成语解释：濡：沾湿；沫：唾沫。水干了，鱼互相以吐沫沾湿，以维持生命。现比喻在困境中以微薄的力量相互救助。也形容人与人之间患难与共、相偎相依、不离不弃的感情。

成语出处：《庄子·大宗师》："泉涸，鱼相与处于陆，相呴以湿，相濡以沫，不如相忘于江湖。"

成语用法：偏正式；作谓语、定语、宾语、状语。

成语示例：老两口夫唱妇随、相濡以沫，风风雨雨几十年，总算是熬过来了。

┌─ 成语故事 ─┐

在庄子辞去漆园吏之后，家庭生活非常困难，常常是吃了上顿没下顿。监河侯商利和庄周是同窗好友，于是他想去找监河侯借粮。庄子见到商利，说明来意，想不到商利一反常态，冷笑一声对庄周说："你找我借粮？不可

能吧？谁不知你庄周胸怀奇才大略，楚威王给你个相国你都不干，怎能会生活得如此贫穷？"庄周说："你没看咱宋国战事频繁，市场萧条，编的草鞋卖不掉，我才来找学弟借几升粮食以解燃眉之急。"商利说："啊，原来是这样啊。那好，既然是庄兄有难处了，那我就慷慨解囊相助！等到秋后，我到封地收了租金之后，再借给你三百两金子，怎么样啊？"庄子说："想不到世态如此炎凉，人情如此淡薄，连水中的鱼儿都不如呀！"商利说："水中之鱼连话都不会说，怎能和人相比呢？"庄子说："刚才我来的时候，见路边干涸的车辙里有几条濒临死亡的鱼，它们抱成一团，用湿气互相呼吸，用口沫互相湿润，相呴相濡而求生。鱼儿在困境中尚且懂得相互救助，而人却办不到。"庄子说罢，扬长而去。

◆相视莫逆

xiāng shì mò nì

成语解释：彼此间友谊深厚，无所违逆于心。

成语出处：《庄子·大宗师》："子祀、子舆、子犁、子来四人相与语曰：'孰能以无为首，以生为脊，以死为尻，孰知生死存亡之一体者，吾与之友矣。'四人相视而笑，莫逆于心，遂相与为友。"

成语用法：偏正式；作谓语、定语；含褒义。

成语示例：你我相视莫逆，今天你有困难，我岂能袖手旁观?

◆相视而笑

xiāng shì ér xiào

成语解释：意思是双方互相看着，发出会心的微笑。形容二者情合意洽的情态。

成语出处：《庄子·大宗师》："四人相视而笑，莫逆于心，遂相与为友。"

成语用法：偏正式；作谓语、定语。

成语示例：老张和老李听了，方才恍然大悟，彼此相视而笑。

◆相忘江湖

成语解释：原意是指两条鱼因泉水干涸，被迫相互呵气，以口沫濡湿对方来保持湿润。它们不禁怀念昔日在江湖中互不相识，自由自在的生活。现多指放下对情感过于执着的追求，在尘世中忘却彼此，不通音讯。

成语出处：《庄子·大宗师》："出泉涸，鱼相与处于陆，相呴以湿，相濡以沫，不如相忘于江湖。"

成语用法：偏正式；作谓语、定语、宾语、状语。

成语示例：与其大家在生死存亡中备受煎熬，不如相忘江湖，而能够自由自在地生活。

◆向若而叹

xiàng ruò ér tàn

成语解释：比喻向高明者折服，而自叹不如。

成语出处：《庄子·秋水》："至于北海，东面而视，不见水端，于是焉河伯始旋其面目，望洋向若而叹曰：'……今我睹子之难穷也，吾非至于子之门则殆矣。'"

成语用法：偏正式；作谓语。

成语示例：看到他的技艺如此精湛，我只能向若而叹，敬佩不已了。

◆逍遥自得

xiāo yáo zì dé

成语解释：无拘无束，安闲自得。

成语出处：《庄子·让王》："日出而作，日入而息，逍遥于天地之间，而心意自得。"

成语用法：联合式；作谓语、定语、状语；用于人。

成语示例：大叔背着右手，左手悠闲地晃动了下烟杆，轻轻抽了一口，一副逍遥自得的样子。

◆熊经鸟申

xióng jīng niǎo shēn

成语解释：古代一种导引养生之法。状如熊之攀枝，鸟之伸脚。亦作"熊经鸟伸"。

成语出处：《庄子·刻意》："吹呴呼吸，吐故纳新，熊经鸟申，为寿而已矣。"

成语用法：联合式；作宾语、定语；用于书面语。

成语示例："那种工夫，在古时候人是称为熊经鸟申。"

◆形如槁木

xíng rú gǎo mù

成语解释：槁：枯干。形体像枯干的树木一样。

成语出处：《庄子·齐物论》："形固可使如槁木，心固可使如死灰乎？"

成语用法：主谓式；作谓语、定语；用于书面语。

成语示例：不多日的工夫，他的身体已经骨瘦如柴，形如槁木了。

◆心服口服

xīn fú kǒu fú

成语解释：心里和嘴上都信服。形容真心服气或认输。

成语出处：《庄子·寓言》："利义陈乎前，而好恶是非直服人之口而已矣。使人乃以心服，而不敢蘁立，定天下之定。"

成语用法：联合式；作谓语、宾语、状语；含褒义。

成语辨析：心服口服和心悦诚服，都有从心里信服的意思。但心服口服只表示信服，语义较轻；而心悦诚服含有"愉快、真诚"地服从、信服、佩服。

成语示例：他说得入情入理，大家听了都心服口服。

◆心如死灰

xīn rú sǐ huī

成语解释：死灰：已冷却的灰烬。原指心境淡漠，毫无情感。用于形容与世无争，无欲无求的心情。现也形容意志消沉，态度冷漠到极点。后也用来形容淡泊无为，清心寡欲。

成语出处：《庄子·知北游》："形若槁骸，心若死灰，真其实知，不以故自持。"

成语用法：主谓式；作谓语、定语；含贬义。

成语示例：经过几次大的生活挫折，如今他已心如死灰，连生活下去的勇气都没有了。

┌ **成语故事** ┐

啮缺问道于被衣，被衣说："你要端正你的形体，集中你的视线，天然之和气就会前来；收敛你的智慧，专一你的思虑，神明就会来居留你心；德将表现你的美好，道将留在你的身上。你无知而直视的样子就像初生的小牛

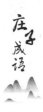

狭，你不要去追究事物的缘由。"话未说完，啮缺已经睡着了。被衣特别高兴，一边走一边唱歌而去，还说："形体如同枯骨，心如同死灰，真正纯实之知，不坚持故见，懵懂暗昧，没有思想，不能和他计议谋划，他是个什么样人啊！"

◆欣然自喜

xīn rán zì xǐ

成语解释：欣然：喜悦的样子。高兴地自觉欢喜，多用于形容人的心情。

成语出处：《庄子·秋水》："秋水时至，百川灌河，泾流之大，两涘渚崖之间，不辨牛马，于是焉河伯欣然自喜，以天下之美为尽在己。"

成语用法：偏正式；作谓语、定语、状语。

成语示例：他起初想到自由，不禁欣然自喜，他以为得着新生命了。

◆薪火相传

xīn huǒ xiāng chuán

成语解释：原指柴烧尽，火种仍可留传。古时候比喻形骸有尽而精神不灭；后人用来比喻学问和技艺代代相传；现在多比喻师生授受不绝，或种族、血统、文化精神的传承，绵延不尽。

成语出处：《庄子·养生主》："指穷于为薪，火传也，不知其尽也。"

成语用法：联动式；作谓语。

成语示例：长城内外，白求恩精神薪火相传。

┌─────────────┐
│ **成语故事** │
└─────────────┘

在老子逝世的时候，老子有一个朋友名叫秦失，前来吊唁，哭了三声就出来了，大家很是惊奇，因为秦失是老子一生中最要好的朋友，大家本以为他要撕心裂肺地大哭一场，想不到他竟然敷衍了事地哭了几声。秦失的弟子也有点看不惯，问师傅："老子不是您最敬重最要好的一位朋友吗？"秦失说："是呀。"弟子又问："既然如此，那您为什么对朋友这样冷酷，是不是太不近人情了，能说说为什么吗？"秦失说："当然可以。原先我以为老子是至高无上的至人，世间无人能及，他的行为无人能解。现在我不这样认为了，刚才我进去吊唁的时候，看见老年人哭他，如同哭自己的儿子，年轻人哭他，如同哭自己的父母。世人既然这样敬重他，说明他的思想已被世人领悟。这就如同燃烧的柴草一样，柴草虽燃烧完了，但火种仍然没有熄灭，它会一代一代地传承下去，永远没有穷尽的时候。老子高深的道家思想也会薪火相传，这正是我所希望的，难道我还要使我的老朋友受到哀乐之情的困扰吗？"

◆须眉交白

xū méi jiāo bái

成语解释：交：都。胡须和眉毛都白了。形容年老。

成语出处：《庄子·渔父》："有渔父者下船而来，须眉交白，被发揄袂。"

成语用法：主谓式；作谓语、定语。

成语示例：那是一个年约七旬的老者，须眉交白，脸上皱纹一道道，如同千山万壑一般。

◆虚室生白

xū shì shēng bái

成语解释：虚：使空虚；室：指心；白：指道。心无任何杂念，就会悟出"道"来，生出智慧。也常用以形容清澈明朗的境界。

成语出处：《庄子·人间世》："瞻彼阕者，虚室生白，吉祥止止。"

成语用法：紧缩式；作宾语、定语；用于书面语。

成语示例：须知尘去镜明，虚室生白，惟光独照耳！

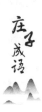

◆虚往实归

xū wǎng shí guī

成语解释：无所知而往，有所得而归。

成语出处：《庄子·德充符》："鲁有兀者王骀，从之游者，与仲尼相若。常季问于仲尼曰：'王骀，兀者也，从之游者，与夫子中分鲁。立不教，坐不议。虚而往，实而归。'"

成语用法：联合式；作谓语、定语；含褒义。

成语示例：他以他人之乐为乐，他人之忧为忧，虚往实归，不计自己清贫，而无吝啬之心，是品德高尚之人啊！

成语故事

鲁国有个被砍掉一只脚的人，名叫王骀，可是跟从他学习的人却跟孔子的门徒一样多。孔子的学生常季向孔子问道："王骀是个被砍去了一只脚的人，跟从他学习的人在鲁国却和先生的弟子相当．他站着不能给人教诲，坐着时不发议论。学生跟着他，来的时候感到空虚，回的时候感到充实。难道真的是有什么不言之教，可以不着形迹而用心感化的吗？这是个什么样的人啊？"孔子回答道："王骀先生，那是个圣人，我只是落在后面，还没来得及向他求教而已。连我孔丘都想拜他为师，更何况那些不如我孔丘的人呢！又岂止是鲁国人，我将号召全天下的人都拜他为师。"

常季问道："他是兀者，却能够超越先生，那比平常人就高明更多了。像他这样的人，在运用心智时有什么独到之处呢？"孔子答道："生死大事，不能使他心境变化，天地翻覆，不能使他迷失自我。他审视自己无过错，而不跟随外物的变迁。他掌控万物的变化，而坚守其根本的法则。"

◆虚与委蛇

xū yǔ wēi yí

成语解释：虚：假，表面的；委蛇：随便应顺，敷衍。对人假意献殷勤，敷衍应酬。指对人虚情假意，敷衍应酬，待人处事不是真心诚意。

成语出处：《庄子·应帝王》：“乡吾示之以未始出吾宗，吾与之虚而委蛇。”

成语用法：偏正式；作谓语、宾语、定语；含贬义。

成语示例：一时想不到法子，他只好虚与委蛇地先和这些人周旋。

成语故事

战国时期，郑国有一个叫季咸的神巫，能占算人的生死祸福。列子见了他为之折服，回家对他的老师壶子说：“原先我一直认为您的道术是最为高深，现在才知道，郑国的季咸比您还高明。”壶子听了，淡然一笑说：“我还未与季咸周旋，你怎么就断定他比我高明？”列子说：“我用您传授给我的本领和知识与季咸比试，根本不是他的对手。”壶子说：“你跟我才学到一点皮毛，实质性的东西一点也没掌握，就以表面的道去和人家周旋，能不失败吗？你去把季咸请来，让我和他较量较量。”

第二天，列子当真把季咸请了过来。谁知，季咸走进壶子的房内不久就出来对列子说：“你师傅气色怪异生机全无，好像快要死了，你去看看吧。”列子进屋，痛哭流涕，壶子说：“弟子不要难过，我刚才给他看的是阴胜阳之态，我隐藏了生机，不动不止，使他误认为我堵塞了生机，你再请他进来。”列子请季咸第二次走进壶子的房内，不大会儿，季咸出来对列子说：“真是奇迹呀，你的先生和刚才判若两人，他满面红光，全然有了生机。”列子高兴地进屋告诉壶子，壶子说：“我刚才给他看的是阳胜阴之态，没有夹杂丝毫的虚名实利，一线生机从脚跟升起，你再请他进来看看。”

列子第三次请季咸去见壶子。季咸大摇大摆地走进壶子的房内还没站定，就惊慌失措地逃走了。壶子说：“追上他。”列子没有追上，问壶子怎么回事，壶子说：“我刚才给他看的是虚如委蛇之态，我与他随机应变而又顺其自然，

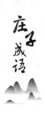

就像狂风吹起的草介，激流卷起的浮萍一样，使季咸感到我难以捉摸，不知如何是好，所以就逃走了。"

从此，列子跟壶子专心修道，弃浮华而归真朴，在纷纭的世界中持守虚静，终于达到了忘我的境界。

◆续凫截鹤

xù fú jié hè

成语解释：比喻违失事物本性，欲益反损。

成语出处：《庄子·骈拇》："长者不为有余，短者不为不足。是故凫胫虽短，续之则忧；鹤胫虽长，断之则悲。"

成语用法：联合式；作谓语、定语、宾语；用于比喻句。

成语示例：文章长短由内容决定，续凫截鹤是不可取的。

┌─────────┐
│ 成语故事 │
└─────────┘

古代有个愚蠢而善良的人，看到郊外一群野鸭子和白鹤在水里啄食嬉戏。他发现鹤的腿很长，野鸭的腿很短，一起走路很不整齐。于是就把他们捉来，砍下鹤的一截腿接到野鸭的腿上，这样它们的腿看起来比较整齐了，可是它们都不能走路了。

◆栩栩如生

xǔ xǔ rú shēng

成语解释：栩栩：活泼生动的样子。指艺术形象非常逼真，如同活的一样。多指艺术品或人工制造品。

成语出处：《庄子·齐物论》："昔者庄周梦为胡蝶，栩栩然胡蝶也，自喻适志与！不知周也。"

140

成语用法：偏正式；作谓语、定语、状语；含褒义。

成语示例：他画的虾栩栩如生，是由于他长期观察活虾生活的缘故，笔墨变化、写照已经达到了极高的境界。

┌─────────────┐
│ **成语故事** │
└─────────────┘

一天夜里，庄子梦见自己挣脱层层羁绊，冲出重重包围，终于变成一只蝴蝶。这只蝴蝶身形健美，翅膀轻盈，在空中自由飞翔，在花丛中来往穿梭，它与蜜蜂对话，与鸟儿比翼，时而探索花蕊的精微，时而鸟瞰大海的浩瀚，随心所欲，轻快舒畅。这时他已经完全忘记了自己是庄周。当他从梦中醒来以后，惊喜不已，对美妙的梦境十分留恋，他不知道究竟是庄周梦中变成了蝴蝶，还是蝴蝶梦见自己变成了庄周。感到梦中的蝴蝶生动逼真，令人回味无穷。

◆削迹捐势

xuē jì juān shì

成语解释：削迹：匿迹；捐：舍弃。隐匿踪迹，舍弃权势。旧指隐居。

成语出处：《庄子·山木》："削迹捐势，不为功名。"

成语用法：联合式；作宾语。

成语示例：他辞官以后，削迹捐势，遁入山林，不知所终。

◆学富五车

xué fù wǔ chē

成语解释：富：丰富；五车：指五车书。形容读书很多，学识渊博。也作"书读五车"。

成语出处：《庄子·天下》："惠施多方，其书五车。"

成语用法：主谓式；作谓语；含褒义。

成语示例：张先生是一位学富五车、知识渊博的大学者。

成语故事

春秋战国时期，涌现出一大批思想家，他们各自著书立说宣扬自己的观点，宋国人惠施认为天下无物不变，无时不动，任何东西的性质都是相对的，事物之间没有绝对的区别。庄子评价他学富五车，知识非常广博。

◆延颈举踵

yán jǐng jǔ zhǒng

成语解释：踵：脚后跟。伸长脖子，踮起脚跟。形容盼望十分殷切。

成语出处：《庄子·胠箧》："今遂至使民延颈举踵，曰：'某所有贤者'，赢粮而趣之。"

成语用法：联合式；作谓语；含褒义。

成语示例：人们延颈举踵地翘盼着从远方归来的亲人们。

◆偃鼠饮河

yǎn shǔ yǐn hé

成语解释：比喻所需极有限。同"饮河满腹"。

成语出处：《庄子·逍遥游》："偃鼠饮河，不过满腹。"

成语用法：主谓式；作宾语、定语。

成语示例：他对待遇没有什么的奢求，不过偃鼠饮河只求满腹而已。

◆雁默先烹

yàn mò xiān pēng

成语解释：比喻无才者先被淘汰。

成语出处：《庄子·山木》："夫子出于山，舍于故人之家。故人喜，命竖子杀雁而烹之。竖子请曰：'其一能鸣，其一不能鸣，请奚杀？'主人曰：'杀不能鸣者。'"

成语用法：紧缩式；作谓语；含贬义。

成语示例：随着年轻才俊的不断成长，他愈加感到竞争的压力，雁默先烹要早做打算。

◆养生之道

yǎng shēng zhī dào

成语解释：指修养身心，以期保健延年的方法。指保养身体。

成语出处：《庄子·养生主》："吾闻庖丁之言，得养生焉。"

成语用法：偏正式；作主语、宾语。

成语示例：气功不仅是养生之道、长寿之道，而且是探讨与研究生命奥秘的一种方式。

◆洋洋大观

yáng yáng dà guān

成语解释：洋洋：盛大、众多的样子；大观：丰富多彩的景象。形容事物繁多，丰富多彩，气象宏大，非常可观。

成语出处：《庄子·天地》："夫道，覆载万物者也，洋洋乎大哉！"

成语用法：偏正式；作谓语、定语、宾语；用于文章、问题等。

成语辨析：洋洋大观与蔚为大观，都形容事物美好而繁多，但洋洋大观

偏重于"美好、众多"，蔚为大观偏重于"美好、盛大"。

　　成语示例：在科技成果展示会上，我国自己生产的高科技产品洋洋大观，摆满了展厅。

◆摇尾涂中

yáo wěi tú zhōng

成语解释：喻自由自在地生活。同"曳尾涂中"。

成语出处：庄周《庄子·秋水》："宁其生而曳尾于涂中乎？"

成语用法：偏正式；作谓语、定语、宾语；用于书面语。

成语示例：经此大败，东山再起已无可能，只能摇尾涂中苟活于世了。

> **成语故事**

　　楚王听说庄子是一位很有才华的隐士，便想让他出山，辅佐自己治理好楚国。于是派两个使者带着厚重的聘礼前去寻找他。

　　庄子坐在濮水边，头上戴着一顶草帽，眼睛紧紧盯着河面，两位使者不敢惊动庄子，只得轻轻地走向前去，对庄子说："我们大王早就闻知您的大名，想请您去楚国做宰相，协助料理楚国国事，所以派我们来请您。"

　　庄子手里拿着鱼竿一动也不动，就像没听见一样。两个使者没办法，只好又说了一遍。等了好半天，庄子转过头来看看两位使者，开口说道："我听说楚国有一只大神龟，已经死了三千年了，楚国把它装在一个珍贵的盒子里，供奉在庙堂之上，是这样吗？"

　　两位使者忙点头说："是的，是的。"

　　庄子又说："那么请问二位，这只神龟是情愿死了，留下几块骨壳受人尊重呢，还是宁愿活着拖着尾巴在泥里爬呢？"

　　两位使者不明白庄子的用意，不加思索地回答说："这还用说吗？俗话说，好死不如赖活着嘛，当然是宁愿活着拖着尾巴在泥里爬了。"

庄子听了哈哈大笑，弄得使者莫名其妙。突然，庄子止住笑，对使者说："你俩回去吧！告诉楚王，就说我宁愿像乌龟在泥里拖着尾巴爬，也不愿被供奉在庙堂上。"

使者这才明白庄子的意思，又劝庄子，说："楚王送你千金，许以为相，您还是赴任为好。"

庄子说："千金是重利，相国是尊位，但你们没见到用作祭祀的牺牛吗！把它喂养长大，然后披上绣花的披衣送入太庙，宰杀后作祭祀品，这时它就是想作一个孤单的小猪也办不到啊！你们去吧，不要污没我，我不会为国事所羁，我决心终身不仕，以快我的志向啊！"两使者没有办法只好回去了。

◆摇唇鼓舌

yáo chún gǔ shé

成语解释：鼓舌：嚼舌头，指诡辩。摇动嘴唇，鼓动舌头。形容利用口才进行煽动或游说。

成语出处：《庄子·盗跖》："不耕而食，不织而衣，摇唇鼓舌，擅生是非。"

成语用法：联合式；作谓语、宾语、定语；含贬义。

成语示例：这老家伙不耕而食，不织而衣，摇唇鼓舌，擅生是非，是个阴险奸诈的假圣人。

成语故事

孔子求见盗跖，盗跖听说孔子求见勃然大怒，双目圆睁亮如明星，头发怒起直冲帽顶，说："这不就是那鲁国的巧伪之人孔丘吗？替我告诉他：'你矫造语言，托伪于文王、武王的主张；你头上带着树杈般的帽子，腰上围着宽宽的牛皮带，满口的胡言乱语；你不种地却吃得不错，不织布却穿得讲究；你整天摇唇鼓舌，专门制造是非，用以迷惑天下的诸侯，使天下的读书人全都不能返归自然的本性，而且虚妄地标榜尽孝尊长的主张，以侥幸得到封侯

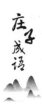

的赏赐而成为富贵的人。你实在是罪大恶极，快些滚回去！要不然，我将把你的心肝挖出，来增加午餐的膳食！' "

◆用心若镜

yòng xīn ruò jìng

成语解释：若镜：像镜子一样。意思是像明镜一样，纯客观的反映事物。

成语出处：《庄子·应帝王》："至人之用心若镜，不将不迎，应而不藏，故能胜物而不伤。"

成语用法：偏正式；作宾语、定语。

成语示例：他向来光明磊落用心若镜，从不背地里算计人。

◆用志不分

yòng zhì bù fēn

成语解释：意思是一心不二用。

成语出处：《庄子·达生》："用志不分，乃凝于神。其佝偻丈人之谓乎！"。

成语用法：偏正式；作状语、定语。

成语示例：做事情要用心不分、全神贯注，才能真正把事情做好。

> **成语故事**

　　孔子到楚国去，走出树林，看见一个驼背老人正用竿子粘蝉，就好像在地上拾取一样。孔子说："先生真是巧啊！有门道吗？"驼背老人说："我有我的办法。经过五、六个月的练习，在竿头累迭起两个丸子而不会坠落，那么失手的情况已经很少了；迭起三个丸子而不坠落，那么失手的情况十次不会超过一次了；迭起五个丸子而不坠落，也就会像在地面上拾取一样容易。我立定身子，犹如临近地面的断木，我举竿的手臂，就像枯木的树枝；虽然天地很大，万物品类很多，我一心只注意蝉的翅膀，从不思前想后左顾右盼，绝不因纷繁的万物而改变对蝉翼的注意，为什么不能成功呢！"

孔子转身对弟子们说："运用心志不分散，就是高度凝聚精神，恐怕说的就是这位驼背的老人吧！"

◆衣弊履穿

yī bì lǚ chuān

成语解释：意思是衣服穿破了，鞋子磨漏了。形容人生活很贫穷。

成语出处：《庄子·山木》："庄子曰：'贫也，非惫也。士有道德不能行，惫也；衣弊履穿，贫也，非惫也；此所谓非遭时也。'"

成语用法：联合式；作谓语、定语。

成语示例：这个人穿着衣弊履穿，看上去生活极度贫困。

成语故事

庄子身穿粗布衣并打上补钉，工整地用麻丝系好鞋子走过魏王身边。魏王见了说："先生为什么如此疲惫呢？"

庄子说："是贫穷，不是疲惫。士人身怀道德而不能够推行，这是疲惫；衣服坏了鞋子破了，这是贫穷，而不是疲惫。这种情况就是所谓生不逢时。大王没有看见过那跳跃的猿猴吗？它们生活在楠、梓、豫、章等高大乔木的树林里，抓住藤蔓似的小树枝自由自在地跳跃而称王称霸，即使是神箭手羿和逢蒙也不敢小看它们。等到生活在柘、棘、枳、枸等刺蓬灌木丛中，小心翼翼地行走而且不时地左顾右盼，内心震颤恐惧发抖；这并不是筋骨紧缩有了变化而不再灵活，而是所处的生活环境很不方便，不能充分施展才能。如今处于昏君乱臣的时代，要想不疲惫，怎么可能呢？这种情况比干遭剖心刑戮就是最好的证明啊！"

◆一日千里

yī rì qiān lǐ

成语解释：一天前进一千里。原形容马跑得极快，后用来形容进步或发展极其迅速。

成语出处：《庄子·秋水》："骐骥骅骝，一日而驰千里。"

成语用法：主谓式；作谓语、定语、状语；含褒义。

成语辨析：一日千里和日新月异，都形容发展迅速，进步很快。但一日千里偏重在前进得快，日新月异偏重在变化快。

成语示例：我们的时代是一个激烈竞争的时代，科技革命日新月异，经济领域创新层出不穷，社会发展一日千里，传统的观念日益受到严重的挑战。

成语故事

周穆王听说造父驯马驾车的本领最好，就把他召来。造父知道周穆王想到遥远的西方运河，就挑选了八匹好马拉车。造父驾着车，克服种种艰难险阻，来到昆仑山的西王母国。美丽的西王母热情地接待了周穆王，并且天天陪着他游玩、观赏。一个多月过去了，周穆王玩得连自己的国家都快忘记了。

一天，周朝有个武士前来急报，国内出现了叛乱。穆王大吃一惊，立刻叫造父备车，告别了西王母，回镐京去。造父施展了全副本领，一日千里地向东飞驰，三天三夜就回到镐京。周穆王立刻调动各路人马，亲自出征，很快平定了徐偃王的叛乱。周穆王重赏了造父。从此，"造父"也就成了驯马驾车高手的代称。

◆一晦一明

yī huì yī míng

成语解释：一暗一明。常指昼夜循环。

成语出处：《庄子·田子方》：“消息满虚，一晦一明，日改月化。”

成语用法：联合式；作宾语、定语；用于书面语。

成语示例：这塔与河一静一动，一上一下，一晦一明。

◆一饮一啄

yī yǐn yī zhuó

成语解释：原指鸟类随心饮食，后也指人的饮食。

成语出处：《庄子·养生主》：“泽雉十步一啄，百步一饮，不蕲畜乎樊中。”

成语用法：联合式；作宾语。

成语示例：这正是，一饮一啄之间，自有定数。

◆一枝之栖

yī zhī zhī qī

成语解释：栖：鸟停留在树上。泛指一个工作位置。指容身之地。

成语出处：《庄子·逍遥游》：“鹪鹩巢于深林，不过一枝。”

成语用法：偏正式；作宾语。

成语示例：还望先生鼎力介绍，能得一枝之栖，我就深感大德了。

◆以管窥天

yǐ guǎn kuī tiān

成语解释：窥：从小孔或缝隙里看。从管子里看天。比喻见识非常狭隘，对事物的观察、了解很肤浅，很片面。也作"用管窥天"。

成语出处：《庄子·秋水》："子乃规规然而求之以察，索之以辩，是直用管窥天，用锥指地也，不亦小乎？"

成语用法：偏正式；作谓语、定语、宾语；含贬义。

成语辨析：以管窥天和坐井观天，都有"目光狭小"的意思，但坐井观天比以管窥天更广泛一些。

成语示例：对于那些以管窥天的行为应给予彻底地否定。

◆以火救火

yǐ huǒ jiù huǒ

成语解释：用火来救火灾。比喻工作方法不对头，不但无益，反而有害。

成语出处：《庄子·人间世》："是以火救火，以水救水，名之曰益多。"

成语用法：偏正式；作谓语、定语；含贬义。

成语示例：在贸易政策中以火救火的结果往往很糟糕，而他现在就是在玩火。

◆以水救水

yǐ shuǐ jiù shuǐ

成语解释：引水来救水灾，水势越盛。比喻不仅不加以制止，相反更助长其势。指方法不对。

成语出处：《庄子·人世间》："是以火救火，以水救水，名之曰益多。"

成语用法：偏正式；作谓语、定语、宾语。

成语示例：你这是在以水救水，以火救火，不仅是药不对病，而且会症上加症。

◆以强凌弱

yǐ qiáng líng ruò

成语解释： 凌：侵犯，欺侮。依仗自己的强大或者人多去欺压弱小者，比喻凭借强力而欺负弱小。

成语出处：《庄子·盗跖》："自是以后，以强凌弱，以众暴寡。汤、武以来，皆乱人之徒也。"

成语用法： 偏正式；作谓语、宾语，含贬义。

成语示例： 作品对封建社会里以强凌弱、以众暴寡、虚伪欺诈的社会风气和吏治的腐败做了深刻的揭露。

成语故事

孔子有位朋友，名叫柳下季。柳下季的弟弟名叫盗跖，盗跖有兵卒九千人，横行天下，侵犯诸侯，穿室探户。凡是盗跖经过的地方，大国严守城池，小国闭门自保，百姓叫苦不迭。有一次，孔子对柳下季说："先生是当今才子，弟弟是强盗，却不能去教育他，我真为你感到羞愧，我想替先生去劝说他。"柳下季对弟弟凶暴自肆的秉性了若指掌，劝孔子不要去碰钉子，孔子不听劝告，让弟子颜回驾车，另一个弟子子贡当侍，前去会见盗跖，劝盗跖放下武器，不要再以武扰民。盗跖听后十分愤怒，说："远古时人们耕种取食，纺织取衣，平等相处，互不伤害，这是道德最高尚的时代。自从黄帝以来就斗争不止，血流不停，尧和舜兴起后，设立了百臣，商汤流放了他的国君，周武王杀死了商纣。从此以后，社会上的各种势力，都是凭借强大而欺凌弱小，以多数侵暴少数。现在你却让我放下武器，任人宰割，是何用心？"孔子碰了一鼻子灰，气得眼光失神，面如土色，驱车返回鲁国。

◆以养伤身

yǐ yǎng shāng shēn

成语解释：为了获得养育自己的条件，反而使身体受到损害。比喻得不偿失。

成语出处：《庄子·让王》："夫人王亶父，可谓能尊生矣。能尊生者，虽贵富，不以养伤身；虽贫贱，不以利累形。今世之人，居高官尊爵者，皆重失之。见利轻亡其身，岂不惑哉！"

成语用法：复杂式；作宾语、定语；用于书面语。

成语示例：你的做法有点以养伤身，结果是得不偿失。

◆亦步亦趋

yì bù yì qū

成语解释：亦：也；步：行走；趋：快走。别人走一步，他也走一步。原指学生紧紧追随老师，后来形容处处模仿或一味地追随他人。

成语出处：《庄子·田子方》："夫子步亦步，夫子趋亦趋，夫子驰亦驰，夫子奔逸绝尘，而回瞠若乎后矣。"

成语用法：联合式；作谓语、定语、状语；含贬义。

成语辨析：亦步亦趋和人云亦云，都有缺乏主见，模仿追随别人的意思。但人云亦云指语言上的模仿、追随。亦步亦趋不仅指语言，还有行动上的模仿、追随。

成语示例：不是简单的亦步亦趋就能学习好知识，而是需要以身实践，甚至要付出巨大的努力刻苦钻研才能学好。

◆异名同实

yì míng tóng shí

成语解释：名称不同，实质一样。

成语出处：《庄子·知北游》："异名同实，其指一也。"

成语用法：联合式；作宾语、定语。

成语示例：唐代及其以后，道家、黄老和道教仍是异名同实的概念。

◆溢美溢恶

yì měi yì wù

成语解释：溢：水满外流，引伸为过度。过分夸奖，过分指责。指极端赞美和贬斥。

成语出处：《庄子·人世间》："夫两喜必多溢美之言，两怒必多溢恶之言。"

成语用法：联合式；作定语；含贬义。

成语示例：我们对这件事不要溢美溢恶，要多注重事实，找到合理的解决办法。

◆溢美之言

yì měi zhī yán

成语解释：过分夸奖的话。

成语出处：《庄子·人间世》："夫两喜必多溢美之言，两怒必多溢恶之言。"

成语用法：偏正式；作主语、宾语；含贬义。

成语示例：面对各个家族子弟们那热切的奉承和溢美之言，他都神态自若地以谦逊的笑容回敬。

◆贻笑大方

yí xiào dà fāng

成语解释：贻：遗留；大方：大方之家，原指懂得大道理的人，后泛指有某种专长的人。留下笑柄给内行人，让内行人笑话。

成语出处：《庄子·秋水》："吾长见笑于大方之家。"

成语用法：偏正式；作谓语、宾语、定语；含贬义。

成语示例：他这样做是鲁班门前弄斧子，实在是贻笑大方呀！

◆夜以继日

yè yǐ jì rì

成语解释：晚上连着白天，形容日夜不停。多指加紧工作或学习等。

成语出处：《庄子·至乐》："夫贵者，夜以继日，思虑善否。"《孟子·离娄下》："仰而思之，夜以继日。"

成语用法：偏正式；作谓语、定语、状语；用于工作等。

成语示例：战士们夜以继日地奋战在抗洪抢险第一线。

◆饮冰内热

yǐn bīng nèi rè

成语解释：形容十分惶恐焦灼。

成语出处：庄周《庄子·人间世》："今吾朝受命而夕饮冰，我其内热与？"

成语用法：偏正式；作谓语、定语，含贬义。

成语示例：强予不从，必有饮冰内热之患矣。

　　叶公子高将要出使齐国，他向孔子请教："楚王派我诸梁出使齐国，责任重大。齐国接待外来使节，总是表面恭敬而内心怠慢。平常老百姓尚且不易说服，何况是诸侯呢！我心里十分害怕。您常对我说：'事情无论大小，很少有不通过言语的交往可以获得圆满结果的。事情如果办不成功，那么必定会受到国君惩罚；事情如果办成功了，那又一定会忧喜交集酿出病害。事情办成功或者办不成功都不会留下祸患，只有道德高尚的人才能做到。'我每天吃的都是粗糙不精美的食物，烹饪食物的人也就无须解凉散热。我今天早上接受国君诏命到了晚上就得饮用冰水，恐怕是因为我内心焦躁担忧吧！我还不曾接触到事的真情，就已经有了忧喜交加所导致的病患；事情假如真办不成，那一定还会受到国君惩罚。成与不成这两种结果，做臣子的我都不足以承担，先生你大概有什么可以教导我吧！"

　　孔子说："天下有两个足以为戒的大法：一是天命，一是道义。做儿女的敬爱双亲，这是自然的天性，是无法从内心解释的；臣子侍奉国君，这是人为的道义，天地之间无论到什么地方都不会没有国君的统治，这是无法逃避的现实。这就叫做足以为戒的大法。所以侍奉双亲的人，无论什么样的境遇都要使父母安适，这是孝心的最高表现；侍奉国君的人，无论办什么样的事都要让国君放心，这是尽忠的极点。注重自我修养的人，悲哀和欢乐都不容易使他受到影响，知道世事艰难，无可奈何却又能安于处境、顺应自然，这就是道德修养的最高境界。做臣子的原本就会有不得已的事情，遇事要能把握真情并忘掉自身，哪里还顾得上眷恋人生、厌恶死亡呢！你这样去做就可以了！

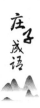

◆迎来送往

yíng lái sòng wǎng

成语解释：走的欢送，来的欢迎。形容忙于交际应酬。

成语出处：《庄子·山木》："其送往而迎来，来者勿禁，往者勿止。"

成语用法：作谓语、定语、宾语；指接待工作。

成语示例：他对前来应聘的专家热情接待，不仅亲自迎来送往，也不忽略安排住宿、订购车船票等每一个细小的环节。

┌ **成语故事** ┐

北宫奢替卫灵公征集捐款铸造钟器，在外城门设下祭坛，三个月就造好了钟并编组在上下两层钟架上。王子庆忌见到这种情况便向他问道："你用的是什么样的办法呀？"

北宫奢说："精诚专一而又顺其自然，不敢假设有其他什么好办法。我曾听说，'既然已细细雕刻细细琢磨，而又要返归事物的本真。'纯朴无心是那样无知无识，忘却心智是那样从容不疑；财物汇聚而自己却茫然无知，或者分发而去或者收聚而来；送来的不去禁绝，分发的不去阻留；强横不讲理的就从其自便，隐委顺和的加以随应，依照各自的情况而竭尽力量，所以早晚征集捐款而丝毫不损伤他人，何况是遵循大道的人呢！"

◆游刃有余

yóu rèn yǒu yú

成语解释：刃：刀口，刀锋；游刃：运转刀刃；余：余地。比喻经验丰富，做事熟练，解决问题毫不费力。

成语出处：《庄子·养生主》："彼节者有间，而刀刃者无厚；以无厚入有间，恢恢乎其于游刃必有余地矣。"

成语用法：主谓式；作谓语、宾语；含褒义。

成语辨析：游刃有余与熟能生巧，都有"熟练了就容易"的意思。但熟能生巧偏重在"生巧"，指掌握技巧或窍门；游刃有余偏重在"有余"，指解决问题毫不费力。

成语示例：他调到新的岗位后如同枯木逢春，游刃有余发挥自如。

◆鱼游濠上

yú yóu háo shàng

成语解释：纵情山水、逍遥遨游。

成语出处：《庄子·秋水》："庄子与惠子游于濠梁之上，庄子曰：'儵鱼出游从容，是鱼之乐也。'惠子曰：'子非鱼，安知鱼之乐？'庄子曰：'子非我，安知我不知鱼之乐？'惠子曰：'我非子，固不知子矣；子固非鱼也，子之不知鱼之乐全矣。'"

成语用法：主谓式；作宾语、定语。

成语示例：老张退休后，整天优游于山水之间，鱼游濠上，好不快乐！

◆运斤成风

yùn jīn chéng fēng

成语解释：运：挥动；斤：斧头；挥动斧头，风声呼呼，比喻手法熟练，技术神妙。

成语出处：《庄子·徐无鬼》："庄子送葬，过惠子之墓，顾谓从者曰：'郢人垩漫其鼻端，若蝇翼，使匠人斫之。匠石运斤成风，听而斫之，尽垩而鼻不伤，郢人立不失容。'"

成语用法：补充式；作定语；含褒义。

成语辨析：运斤成风与运用自如，都可形容技艺非常熟练，但有区别：运斤成风通常指的是特殊的技能运用非常熟练，适用范围较窄；运用自如多

指有经验或者很顺手，运用范围较广。

成语示例：这个工作要求很严，不能出丝毫差错，没有运斤成风的本领，休想干好。

◆越俎代庖

yuè zǔ dài páo

成语解释：越：跨过；俎：古代祭祀时盛放牛羊等祭品的器具；庖：厨师。主祭的人跨过礼器去代替厨师办席。比喻超出自己业务范围去处理别人所管的事。

成语出处：《庄子·逍遥游》："庖人虽不治庖；尸祝不越樽俎而代之矣。"

成语用法：联动式；一般作谓语、定语。有时含贬义。

成语辨析：越俎代庖和包办代替，都有"争做别人的事情"的意思，越俎代庖偏重在代办的权限。

成语示例：我只是过来帮点忙，可没有越俎代庖的意思，你别误会！

◆詹詹炎炎

zhān zhān yán yán

成语解释：形容喋喋不休之状。成玄英疏："炎炎，猛烈也；詹詹，词费也。"

成语出处：《庄子·齐物论》："大言炎炎，小言詹詹。"

成语用法：联合式；作宾语、定语；用于书面语。

成语示例：平时不爱说话的他，这次怎么詹詹炎炎，说个不停。

◆臧谷亡羊

zāng gǔ wáng yáng

成语解释：比喻所做的事情不同，而实质则是一样的。

成语出处：《庄子·骈拇》："臧、谷二人牧羊，臧挟策读书，谷博塞以游，皆亡其羊。"

成语用法：主谓式；作宾语、定语；用于书面语。

成语示例：我们做事要专注一心，不能舍本逐末忘了根本，臧谷亡羊悔之晚矣！

┌─────────────┐
│ **成语故事** │
└─────────────┘

臧和谷两个人一起去放羊，把羊全丢了。问臧干什么事情去了，说是拿着竹简在读书；问谷干什么事情去了，说是在和别人掷骰子游戏。他们两个人干的事情不相同，但在丢失羊这一点上却是相同的。

◆昭然若揭

zhāo rán ruò jiē

成语解释：昭然：明显、显著的样子；揭：高举。形容事情的真相或本质全部暴露，一切都明明白白，像举着太阳、月亮走路那样明显。

成语出处：《庄子·达生》："今汝饰知以惊愚，修身以明污，昭昭乎若揭日月而行也。"

成语用法：偏正式；作谓语、定语；含贬义。

成语示例：谈到这里，他的险恶用心昭然若揭。

┌─────────────┐
│ **成语故事** │
└─────────────┘

春秋时期，鲁国有个叫孙休的人，经常和他的老师扁庆子议论修身处世

的学问。一天，孙休唉声叹气地说："我的命运真是不好啊，种庄稼得不到好的收成，到朝廷去做官，又遇不到贤明的君王，我被放逐到乡间，还要遭到乡官的嫌弃，我为何会遭到这样的厄运？"

扁庆子听了孙休的话，安慰他说："你不知道圣人是如何确定自己行为的吧？他们非常清高，甚至能忘记自己腹中肝胆的存在，对外面发生的事情视而不见，听而不闻，心中坦坦荡荡，一丝灰尘也没有，就像生活在尘世之外。可是你呢，尽想些俗人的事情，很明显地表达自己的欲望和炫耀自己的才能，就像高举着太阳和月亮行走那样明白清楚。你怎么能做到像圣人那样呢？你身体长得很完全，五官一个也不少，生下来后没有因为病或天灾变成聋子、瞎子和跛子，又生儿育女，享天伦之乐，难道你还有理由怨恨老天吗？"

◆凿隧入井

zǎo suì rù jǐng

成语解释：比喻费力多而收效少。指收效甚微。

成语出处：《庄子·天地》："凿隧而入井，抱瓮而出灌。"

成语用法：联动式；作宾语、定语。

成语示例：我们做任何事都要有谋划，否则就会凿隧入井，白费气力。

◆澡雪精神

zǎo xuě jīng shén

成语解释：澡雪：以雪洗身；精神：清净神志。指通过洗涤清净神志。比喻清除意念中庸俗的东西，使神志、思路保持纯正。

成语出处：《庄子·知北游》："汝齐戒，疏瀹而心，澡雪而精神。"

成语用法：联合式；作宾语、定语。

成语示例：要摒除陈旧庸俗的不健康思想，澡雪精神，培养自己高尚纯洁的良好品质。

┌─────────────┐
│ **成语故事** │
└─────────────┘

　　孔子对老聃说："今天安居闲暇，我冒昧地向你请教至道。"老聃说："你先得斋戒静心，再疏通你的心灵，用雪清洗你身体，清静你的神志，破除你的才智！大道，真是深奥神妙难以言表啊！不过我也只能为你说个大概。"

◆朝令夜遁

zhāo lìng yè dùn

　　成语解释：令：召。早上被征召，晚上就隐退。形容甘于隐居避世。成语出处：《庄子·田子方》："臧丈人昧然而不应，泛然而辞，朝令而夜遁，终身无闻。"

　　成语用法：联合式；作谓语、定语；指为人

　　成语示例：他们不体恤民情，朝令夜遁，咱们老百姓不知怎么办才好。

◆朝三暮四

zhāo sān mù sì

　　成语解释：原指说法、做法有所变换而实质不变，比喻使用诈术，进行欺骗。后比喻经常变卦，反复无常。亦作"暮四朝三"。

　　成语出处：《庄子·齐物论》："狙公赋芧，曰：'朝三而暮四。'众狙皆怒。曰：'然则朝四而暮三。'众狙皆悦。名实未亏而喜怒为用，亦因是也。"

　　成语用法：联合式，作谓语、定语、状语；含贬义。

　　成语辨析：朝三暮四和翻云覆雨，都可形容反复无常。但翻云覆雨偏重

指人与人之间的相处反复无常，毫无节操，贬斥的程度较朝三暮四重。朝三暮四多指规章制度等经常变更，叫人无所适从，而且不仅可指人与人之间的相处，也可指人对工作和学习的态度。

成语示例：你一会儿想学弹钢琴，一会儿又说想当作家，一会儿又想踢足球，这样朝三暮四，将来只能是一事无成。

> ### 成语故事

战国时期，宋国有一个养猴子的老人，他很喜欢猴子，养的猴子成群，他能懂得猴子们的心意，猴子们也能领会他的意图。那位老人减少了他全家的口粮，来喂养猴子们。但是不久，家里缺乏食物了，他将要限制猴子们的食物，但又怕猴子们生气不听从自己，就先骗猴子们："我给你们的橡树果实，早上三颗，晚上四颗，这样够吗？"众多猴子一听很生气，都跳了起来。过了一会儿，他又说："那我给你们的橡树果实，早上四颗，晚上三颗，这样足够吗？"猴子们听后都很开心，又对那老人服服帖帖的了。

◆中心不戚

zhōng xīn bù qī

成语解释：中心，心中，戚，悲痛。心中不觉得悲伤。

成语出处：《庄子·大宗师》："颜回问仲尼曰：'孟孙才，其母死，哭泣无涕，中心不戚，居丧不哀。无是三者，以善处丧盖鲁国。固有无其实而得其名者乎？'回壹怪之。"

成语用法：联合式；作谓语、宾语、定语、状语。

成语示例：他看上去似乎中心不戚，其实他在极力掩盖内心的哀痛。

颜回请教孔子说："孟孙才这个人，他的母亲死了，哭泣时没有一滴眼泪，心中不觉悲伤，居丧时也不哀痛。这三个方面没有任何悲哀的表现，可是却因善于处理丧事而名扬鲁国。难道真会有无其实而有其名的情况吗？颜回实在觉得奇怪。"

孔子说："孟孙才处理丧事的作法确实是尽善尽美了，大大超过了懂得丧葬礼仪的人。人们总希望从简治丧却不能办到，而孟孙才已经做到从简办理丧事了。孟孙才不过问人因为什么而生，也不去探寻人因为什么而死；不知道趋赴生，也不知道靠拢死；他顺应自然的变化而成为他应该变成的物类，以期待那些自己所不知晓的变化！况且即将出现变化，怎么知道不变化呢？即将不再发生变化，又怎么知道已经有了变化呢！只有我和你呀，才是做梦似的没有一点儿觉醒的人呢！那些死去了的人惊扰了自身形骸却无损于他们的精神，犹如精神的寓所朝夕改变却并不是精神的真正死亡。唯独孟孙才觉醒，人们哭他也跟着哭，这就是他如此居丧的原因。

◆支策据梧

zhī cè jù wú

成语解释：支：通"枝"；支策：击鼓；据梧：倚着梧桐讲学。形容用心劳神。

成语出处：《庄子·齐物论》："昭文之鼓琴也，师旷之枝策也，惠子之据梧也，三子之知，几乎皆其盛者也，故载之末年。"

成语用法：联合式；作谓语、宾语；用于书面语。

成语示例：最近几月，繁重的工作使他支策据梧、疲惫不堪，身体也明显消瘦了许多。

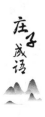

◆直木先伐

zhí mù xiān fá

成语解释：直：挺直。挺直成材的树木，最先被砍伐。比喻有才能的人会遭到迫害。亦作"直木必伐"。

成语出处：《庄子·山木》："是故其行列不斥，而外人卒不得害，是以免于患。直木先伐，甘井先竭。"

成语用法：偏正式；作宾语、定语；用于劝诫人。

成语示例：做事情要注意保护自己，不要总想着出风头显摆自己，要懂得直木先伐，枪打出头鸟的道理。

◆枝木之冠

zhī mù zhī guān

成语解释：冠：帽子。冠多华饰，好像树木的繁枝。

成语出处：《庄子·盗跖》："冠枝木之冠，带死牛之胁。"

成语用法：偏正式，作宾语；用于书面语。

成语示例：看着这枝木之冠似的宏大场面，心情不免激动起来。

◆至仁无亲

zhì rén wú qīn

成语解释：道德高尚仁慈的人对待万物一视同仁，无亲疏之别。

成语出处：《庄子·天运》："请问至仁？庄子曰：'至仁无亲。'"

成语用法：偏正式；作宾语、定语；用于书面语。

成语示例：领导干部在群众工作中要努力做到至仁无亲，不能搞亲疏，更不能厚此薄彼。

太宰荡听说庄子学识渊博，便召见了庄子，向庄子求问仁的涵义。庄子说："虎狼就有仁性。"

太宰说："为什么这样说呢？"

庄子说："虎狼的父子相亲，为什么不是仁性？"

太宰说："请问至仁的涵义。"

庄子说："至仁没有亲。"

太宰说："我听说，没有亲就不爱，不爱就不孝；说至仁不孝，可以吗？"

庄子说："不是这样。至仁是最崇高了，用孝本来就不能说明它。你的话，不是超过孝的话，而是没有达到孝的话。就好像向南走的人到达郢都，向北却看不到冥山，这为什么呢？就是因为离冥山太远了。所以说，用敬来行孝容易，用爱来行孝困难；用爱来行孝容易，爱而忘记父母困难，忘记父母容易，使父母忘记我困难；使父母忘记我容易，同时忘记天下困难；同时忘记天下容易，使天下同时忘记我困难。虽是有尧舜的德性，仍不能忘怀而无为，把利益和恩泽布施给万代人民，使天下并不知晓。一般的人，只能慨叹着谈论仁孝。像孝、悌、仁、义、忠、信、贞、廉，这些都是使自己勉力实行的，是役使天德的东西，是不值得夸说的。所以说，最尊贵的，就是国家的爵位，也能抛弃；最富有的，就是一国的财富，也能弃掉；最理想的，就是把一切名誉统统抛开。所以道是不改变的。"

太宰荡听了庄子这番话，感到耳目一新，但他无心实行，只能束之高阁。

◆至大无外

zhì dà wú wài

成语解释：至：极。大到极点，外无以加。

成语出处：《庄子·天下》："至大无外，谓之大一；至小无内，谓之小一。"

成语用法：联合式；作谓语、定语；用于书面语。

成语示例：老庄哲学至大无外，至小无内，是我国古代哲学思想的精华。

◆至矣尽矣

zhì yǐ jìn yǐ

成语解释：至：到；矣：语气助词；尽：极点。到了极点，无以复加。

成语出处：《庄子·齐物论》："有以为未始有物者，至矣尽矣，不可以加矣。"

成语用法：联合式；作谓语。

成语示例：老夫妇俩对这个宝贝女儿，可算是疼爱得至矣尽矣。

◆栉风沐雨

zhì fēng mù yǔ

成语解释：栉：梳头发；沐：洗头发。风梳发，雨洗头。形容人经常在外面不顾风雨地辛苦奔波。

成语出处：《庄子·天下》："沐甚雨，栉急风。"

成语用法：联合式；作谓语、状语；含褒义。

成语示例：父亲当推销员，必须长年累月、栉风沐雨地在外奔波。

◆置锥之地

zhì zhuī zhī dì

成语解释：置：放。锥：锥子。插锥子的地方。形容极小的地方。亦作"立锥之地"。

成语出处：《庄子·盗跖》："尧舜有天下，子孙无置锥之地。"

成语用法：偏正式；作宾语；多用于否定句。

成语示例：狭小得似无置锥之地，身旁便是那深不可测的深渊，仿佛再踏出一步便会陷入万劫不复之境。

◆终其天年

zhōng qí tiān nián

成语解释：终：结束。天年：人的自然寿命。指年老而死。

成语出处：《庄子·山木》："此木以不材得终其天年。"

成语用法：动宾式；作谓语、定语；用于书面语。

成语示例：从此以后他过着幸福的生活，终其天年。

◆终身之丑

zhōng shēn zhī chǒu

成语解释：一生的丑恶行为。

成语出处：《庄子·外物》："老莱子曰：'夫不忍一世之伤，而骜万世之患，抑固窭耶。忘其略有弗反耶。惠以欢为骜，终身之丑，中民之行进焉。'"

成语用法：作宾语；用于书面语。

成语示例：警方揭露了一个腐败分子的终身之丑。

成语故事

老莱子的弟子出外打柴，遇上了孔丘，打柴归来告诉给老莱子，说："有个人在那里，上身长下身短，伸颈曲背而且两耳后贴，眼光敏锐周遍四方，不知道他是姓什么的人。"老莱子说："这个人一定是孔丘。快去叫他来见我。"孔丘来了，老莱子说："孔丘，去掉你仪态上的矜持和容颜上的睿智之态，那就可以成为君子了。"孔丘听了后谦恭地作揖而退，面容顿改心悸不安地问道："我所追求的仁义之学可以修进并为世人所用吗？"老莱子说："不忍心一世的损伤却会留下使后世奔波不息的祸患，你是本来就孤陋蔽塞，还是才智赶不上呢？布施恩惠以博取欢心并因此自命不凡，这是终身的丑恶，是庸人的行为罢了，这样的人总是用名声来相互招引，用私利来相

互勾结。与其称赞唐尧非议夏桀，不如两种情况都能遗忘，而且堵住一切称誉。背逆事理与物性定会受到损伤，心性被搅乱就会邪念顿起。圣哲的人顺应事理稳妥行事，因而总是事成功就。你执意推行仁义而且以此自矜又将会怎么样呢？"

◆逐物不还

zhú wù bù huán

成语解释：逐：追随。指沉湎于世俗。

成语出处：《庄子·天下》："惜乎惠施之才，骀荡而不得，逐万物而不反。"

成语用法：偏正式；作宾语、定语；用于书面语。

成语示例：人是有惰性的，一旦过多地逐物不还，沉湎于温柔之乡，不思励精图治，就会削弱人的勇气和力量。

◆褚小怀大

zhǔ xiǎo huái dà

成语解释：用小口袋装大东西。比喻能力不能胜任。

成语出处：《庄子·至乐》："褚小者不可以怀大，绠短者不可以汲深。"

成语用法：紧缩式；作谓语、定语；指力不能及。

成语示例：如若硬塞予他们，绠短汲深，褚小怀大，必然会覆?

◆庄周梦蝶

zhuāng zhōu mèng dié

成语解释：比喻梦中乐趣或人生变化无常。亦作"庄生梦蝶"。

成语出处：《庄子·物论》："昔者庄周梦为胡蝶，栩栩然胡蝶也，自喻适志与！不知周也。俄然觉，则蘧蘧然周也。不知周之梦为胡蝶与，胡蝶之梦为周与？周与胡蝶，则必有分矣。此之谓物化。"

成语用法：主谓式；作宾语、定语。

成语示例：自己穿越过来，是庄周梦蝶，还是蝶梦庄周？亦或，这就是自己的另一个人生？

◆斫轮老手

zhuó lún lǎo shǒu

成语解释：斫轮：斫木制造车轮。指对某种事情经验丰富的人。

成语出处：《庄子·天道》："是以行年七十而老斫轮。"

成语用法：偏正式；作主语、宾语；含褒义。

成语示例：他的爷爷在雕刻方面是一位斫轮老手。

◆捉襟见肘

zhuō jīn jiàn zhǒu

成语解释：襟：衣襟；肘：胳膊肘。整一整衣襟，就露出了胳膊肘。形容衣衫褴褛，也比喻顾此失彼，穷于应付。

成语出处：《庄子·让王》："曾子居卫，十年不制衣，正冠而缨绝，捉襟而肘见，纳履而踵决。"

成语用法：联动式；作谓语、宾语、定语；含贬义。

成语示例：家里的经济情况很糟，已经到了捉襟见肘的地步。

成语故事

孔子的弟子曾子居住在卫国的时候，过着非常艰苦的生活，他穿的是用乱麻絮做的袍子，破烂不堪，分不清表里。由于吃得很差，脸上浮肿，带着病容，手掌脚底都长满了老茧。曾子经常一连三天不生火做饭，十年之内没做一件新衣服。他戴的帽子也非常破旧，整一整帽子帽带就会断，整一整衣襟胳臂肘就会露出来，一穿鞋，鞋后跟就裂开。虽然如此穷困，但他并不因此而忧愁，时常拖着破鞋，高歌《商颂》。他声音洪亮，响彻天地，好像是从金石制作的乐器中发出的一样。

鲁国国君派人去给他赠送采邑，对他说："请用采邑的收入做件衣服吧。"曾子不接受，使者又去了，曾子还不接受。使者说："这不是先生您向国君要求的，而是国君要奉送您的，为什么不接受呢？"曾子说："接受的人往往害怕赠送的人，赠送的人往往对接受的人表现出骄纵，能不能使国君赠给我采邑而对我不骄纵，我很担心这一点啊！"

就这样，曾子过着自由自在的生活，天子不能使他为臣子，诸侯不能和他结交朋友。所以庄子说，注意培养心志的人会忘掉形体，注意养身的人会忘记利禄，而致力于大道的人会忘掉心机。

◆作言造语

zuò yán zào yǔ

成语解释：作：造作。指编造虚诞的言辞。

成语出处：《庄子·盗跖》："尔作言造语，妄称文武，冠枝木之冠，带死牛之胁，多辞缪说，不耕而食，不织而衣，摇唇鼓舌，擅生是非。"

成语用法：联合式；作谓语、定语；用于书面语。

成语示例：整天东游西逛、作言造语、擅生是非的人，是很难在社会上立足的。